道徳の時代がきた！

― 道徳教科化への提言 ―

編著　押谷 由夫　柳沼 良太
著　　貝塚 茂樹　西野 真由美
　　　関根 明伸　松本 美奈

教育出版

はじめに

　2013（平成25）年1月に第二次安倍内閣の教育提言を行う目的で設置された教育再生実行会議は、同年2月26日に発表した「いじめ問題等への対応について（第一次提言）」において、「学校は、未熟な存在として生まれる人間が、師に学び、友と交わることを通じて、自ら正しく判断する能力を養い、命の尊さ、自己や他者の理解、規範意識、思いやり、自主性や責任感などの人間性を構築する場です」と述べた上で、次のように続けた。

> 　しかしながら、現在行われている道徳教育は、指導内容や指導方法に関し、学校や教員によって充実度に差があり、所期の目的が十分に果たされていない状況にあります。このため、道徳教育の重要性を改めて認識し、その抜本的な充実を図るとともに、新たな枠組みによって教科化し、人間の強さ・弱さを見つめながら、理性によって自らをコントロールし、より良く生きるための基盤となる力を育てることが求められます。

　「第一次提言」はさらに、「道徳の教材を抜本的に充実するとともに、道徳の特性を踏まえた新たな枠組みにより教科化し、指導内容を充実し、効果的な指導方法を明確化する。その際、現行の道徳教育の成果や課題を検証するとともに、諸外国における取組も参考にして、丁寧に議論を重ねていくことを期待する」として道徳の「教科化」を提言した。「第一次提言」を受けて文部科学省は、道徳の新たな枠組みによる「教科化」の具体的なあり方の検討を行うことを目的に「道徳教育の充実に関する懇談会」を設置して検討を進めている。
　ところで、道徳の「教科化」は、この「第一次提言」によって突然に浮上したわけではない。歴史を遡れば、1950（昭和25）年の天野貞祐文部大臣による「修身科」復活発言を端緒として、その後もたびたび論議されてきた。近年でも教育改革国民会議や教育再生会議が道徳の「教科化」を提言していることは周知の通りである。その意味で道徳の「教科化」は、いわば戦後教育の60年越しの課題である。

「第一次提言」に見られるように、道徳の「教科化」が提起される前提には、現在の学校で行われている道徳教育が機能せず、道徳教育の「所期の目的が十分に果たされていない状況」、つまりは道徳教育が「形骸化」しているという理解がある。

　道徳教育が「形骸化」しているということは、これまでも繰り返し指摘されてきた。例えば、1998（平成10）年の中央教育審議会答申「新しい時代を拓く心を育てるために―次世代を育てる心を失う危機―」（「心の教育」答申）は、特に「道徳の時間」についての取組みに「学校差や個人差が大きい」こと、「授業時間が十分に確保されていない」ことを述べ、さらに「授業の内容を見ると、子どもの心に響かない形式化した指導、特に徳目を教え込むにとどまるような指導も少なくない」といった問題点を指摘している。また、「心の教育」答申では、「道徳教育に対する学校・教師の取り組みに格差」や「道徳の授業の形式化、観念的な指導」が学校における道徳教育「形骸化」の内容として指摘している。

　しかし、一般に「形骸化」の意味するところはこれにとどまらない。「学校では教えられるべき道徳がきちんと教えられていない」ことを「形骸化」ととらえる人もいれば、「『道徳の時間』の授業時数が学習指導要領で定めた35時間を超えているというのは、実態を反映していない」「道徳の授業が心情主義に陥り国語の時間と変わりはない」「道徳を教える資質を欠いた教師が多い」「道徳授業がいじめや情報モラルなどの現実的な問題に対応しきれていない」ことなどを「形骸化」ととらえる人もいる。「形骸化」の意味するところは実はきわめて多様である。もちろん、こうしたもの全てを含みもった総和が「形骸化」であるともいえるが、それではあまりに漠然としており、かえって問題点の所在が不明確となる。

　むしろ、こうした多様な理解の背景には、これまで道徳教育が抽象的なイメージのなかで語られるのみで、具体的な議論の場を形成することができなかったことの裏返しとは考えられまいか。道徳教育が「形骸化」しているとしても、その「形骸化」の意味が漠然としており明確に答えられない状況。何が本当に道徳教育の問題なのかも実はよくわからない状況。道徳教育をめぐる議論は、一貫して「思考停止」した状況であり続けてきたとはいえまいか。とすれば、

このことこそが、「形骸化」の本当の意味するところではないか、とも思えてくる。

そもそも、道徳の「教科化」に対しては「修身科の復活」という「論理」での批判が必ず行われる。これは、戦後の歴史では常に一貫している。しかし、「修身科の復活」を声高に叫ぶ人も、修身科の何たるかを理解している人はほとんどいないし、修身教科書を読んだことすらないというのが実態である。こうした批判は、実際には「論理」ではなく、根拠の乏しい「スローガン」と呼ぶべきものであろう。道徳教育は、こうした実態の検証されていない「スローガン」に支配され、議論はいつも「空回り」してきたといっても過言ではない。

いうまでもなく、道徳教育が抽象的なイメージと根拠のない「スローガン」のなかで語られ、具体的な議論の場を形成することができなかった背景には、道徳教育がたどってきた歴史と無関係ではない。詳しい説明は本論に委ねるとしても、戦後教育において道徳教育は、教育論としてではなく、政治論の文脈のなかで語られることが多かったことは否定できないであろう。

一般に、戦後教育史は、さまざまな教育事象を、戦前＝悪、戦後＝善、あるいは、体制（国家）＝悪、教育運動（大衆）＝善という単純な「二項対立図式」のなかでとらえ、戦前と戦後との「断絶」「非連続」の側面を強調してきた。この「二項対立図式」は、物事の本質を深く考えようとする態度を阻害し、「賛成か、反対か」「敵か、味方か」といった感情的な次元に議論を押し込めてしまうことを余儀なくしてきた。道徳教育をめぐる議論はその典型的なものであったといえる。たとえどのように抗弁しようとも、戦後日本の社会には、道徳教育という言葉さえも口に出すのが憚られる「空気」が確かにあり、それは多かれ少なかれ現在も残っていると実感できるからである。

そうした「空気」を解消するためには、道徳教育を抽象的なイメージのなかに押し込めず、具体的な議論の場を形成することが何より重要となってくる。ひいてはそれが、道徳教育の「形骸化」を克服することにつながることになるはずである。

その意味では、今回の道徳の「教科化」は、そのための絶好のチャンスである。なぜなら、道徳を「教科化」するためには、学習指導要領、教科書、教員免許、教員養成、指導法、評価などの根本的な問題に対して具体的な議論をて

いねいに積み重ねていく必要があるからである。

　言い換えれば、今回の「教科化」の提言によって、道徳教育のあり方を幅広く抜本的に議論する場が形成される可能性が実質的に拓けたのである。道徳の「教科化」は、戦後の道徳教育を重く覆っていた「空気」を「変える」可能性をもっていると考えられる。本書の書名を「道徳の時代がきた！　―道徳教科化への提言―」としたのは、こうした私たちの思いをこめている。ただし、私個人としては、この題名に今こそ「道徳の時代がきてほしい」、いや今こそ「道徳の時代がこなければならない」という願いをこめている。

　さて私たちは、「第一次提言」が提起した道徳の「教科化」を道徳教育のあり方を抜本的に考え直すための絶好のチャンスと考え、それぞれの立場から議論を繰り返してきた。時として議論は白熱する場面もあったが、今後の道徳教育のあり方（夢）を「本音」で語り合えた時間は驚くほど心地よく、何より「愉しい」ものであった。

　道徳の「教科化」を前提とした時に、具体的にどのようなあり方と方向性が考えられるかを提言したものが本書である。ただし、各節の内容は、私たちの「本音」の議論が反映されているとしても、全てが全員の「思い」を表現したものではなく、基本的にはそれぞれの責任において執筆されたものである。もっとも、今の時点では全員の「思い」が一致することが重要ではなく、むしろお互いの「違い」を確認することで、さらなる議論の深化へとつなげることが大切であると考えている。その意味で本書は、私たちにとっても第一歩である。

　歴史的な観点からいえば、戦後60年以上の時間のなかで解体されてきた道徳教育が、わずかな時間で再生できると考えるのは誤りである。10年後、20年後の「後世」に私たちは何を遺すことができるのか。将来の社会をどのように描きながら、これからの道徳教育の礎をいかに「創造」するのか。こうした課題を議論するために、本書がその「たたき台」になればこれ以上の喜びはない。

　2013（平成25）年8月　　猛暑の夏

貝塚　茂樹

目　次

はじめに

一　道徳の「教科化」のあり方を考える
1　道徳の「教科化」の理念と目的とは何か　　押谷　由夫 …………… 2
　　1．道徳教育は教育の根幹に位置づく　2
　　2　道徳の「教科化」の理念と目的　4
2　道徳教育の成果と課題を考える　　柳沼　良太 …………………… 11
　　1．道徳教育の再生の可能性　11
　　2．いじめ問題等に対応する道徳教育の課題　12
　　3．道徳教育の成果とその課題　13
　　4．道徳授業の成果とその課題　15
　　5．「従来の枠組み」による道徳授業が普及した背景　17
　　6．新たな枠組みを求めて　18
3　グローバル時代の道徳授業を考える　　西野　真由美 …………… 21
　　1．世界の教育改革が求めるもの　21
　　2．生きる力をはぐくむ道徳授業とは　24
4　「教科化」に賛成派と反対派の主な主張　　柳沼　良太 ………… 27
　　1．道徳の「教科化」をめぐる諸論争　27
　　2．道徳教育への賛否　27
　　3．道徳授業への賛否　28
　　4．道徳教科書の是非　29
　　5．道徳の評価の是非　30
　　6．建設的な議論を重ねるために　31
5　なぜ道徳の「教科化」が必要なのか　　貝塚　茂樹 ……………… 32
　　1．道徳教育の目標を達成するための「教科化」　32
　　2．道徳の「教科化」は歴史的な課題である　33
　　3．道徳の「教科化」は構造的な問題でもある　35
　　4．道徳の「教科化」は道徳教育を理論化し、体系化する　36
（松本美奈の言々句々）「教科化」を世間はどう見ているか ……………… 38

二 「教科化」の制度設計を考える

1　道徳の目標について考える　　柳沼　良太 …………………… 42
  1．道徳教育の目標を考える　42
  2．道徳授業の目標を考える　44
  3．「生きる力」と道徳の目標　45
  4．道徳の目標に対する提言　47

2　道徳の指導方法を考える　　柳沼　良太 …………………… 48
  1．指導方法の現状と課題　48
  2．「各教科等の指導」と「道徳の指導」の比較検討　49
  3．指導方法の改善に向けた提言　51

3　道徳の評価を考える　　柳沼　良太 …………………………… 54
  1．評価の現状と課題　54
  2．目標に準拠した評価　55
  3．評価の観点と評価規準　56
  4．「行動の記録」と「道徳の評価」の関連づけ　58

4　道徳教科書のあり方を考える　　貝塚　茂樹 ………………… 60
  1．「教科化」と道徳教科書は一体である　60
  2．道徳教科書は教育基本法及び学習指導要領を基準とする　61
  3．諸外国の道徳教科書作成基準も参考にする　63

5　教員免許のあり方を考える　　貝塚　茂樹 …………………… 65
  1．「専門免許」をどう考えるか　65
  2．道徳関連科目の単位数を増加する　66
  3．「専門免許」の創設を積極的に考える　69

6　教員養成のあり方を考える　　関根　明伸 …………………… 71
  1．現在の教員養成に対する要請　71
  2．教科の科目と「道徳」の科目の履修形態の違い　72
  3．「道徳の指導法」科目担当者の課題　74
  4．「道徳」関連履修科目の再考―新たな枠組みに向けて―　74

（松本美奈の言々句々）　道徳の授業はおもしろい ……………………… 77

三　国内外の道徳教育から考える
　1　国内の先進的な実践から何を学ぶか　　西野　真由美 …………… 82
　　1．新しい枠組みを求めて―研究開発学校とは―　82
　　2．研究開発学校はどんな実践に取り組んだか　83
　　3．研究開発学校の実践を活かしたい　83
　2　韓国の道徳教育から何を学ぶか　　関根　明伸 ………………… 89
　　1．韓国の教科化の歴史的背景　89
　　2．初・中・高を貫く道徳教育　90
　　3．「道徳」の教科目標　91
　　4．現代的課題に向き合う韓国「道徳」の内容　92
　　5．我が国への示唆　96
　3　アメリカの人格教育から何を学ぶか　　柳沼　良太 …………… 97
　　1．人格教育が台頭してきた背景　97
　　2．人格教育の目標と指導方法　98
　　3．いじめ問題等に対応する人格教育　100
　　4．人格教育の評価方法　101
　　5．アメリカの人格教育から何を学ぶか　102
　4　世界の道徳教育から何を学ぶか　　西野　真由美 ……………… 103
　　1．世界の道徳教育から学ぶために　103
　　2．各国は道徳をどう教えているか　104
　　3．新たな潮流―市民性教育―　107
　(松本美奈の言々句々)　道徳教科化で何が変わるのか ………………… 108

四　座談会：道徳の教科化で拓く教育の可能性と課題 ………………… 113
　　出席：押谷　由夫，貝塚　茂樹，西野　真由美，関根　明伸，柳沼　良太
　　司会：松本　美奈

あとがき

著者紹介

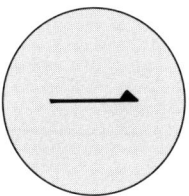

道徳の「教科化」のあり方を考える

1　道徳の「教科化」の理念と目的とは何か

押谷　由夫

1．道徳教育は教育の根幹に位置づく

　道徳の教科化については、道徳教育とは何か、から論じなければならない。一般に教育には、知育、徳育、体育が挙げられる。それらが密接にかかわり合って、豊かな人間形成が行われるのである。その中核は何か。人間としてどう生きるべきかの根本にある道徳的価値意識をはぐくむ徳育である。人間として自分らしくどう生きるかにかかわって、知育があり、体育がある。まずは、このことを著名な教育学者、思想家、実践家の論から確認してみよう。

(1) 著名な教育学者等の見解から
　　―教育の目的は道徳教育を中核として達成される―

　人類の教師といわれるソクラテスは、『メノン』において「徳は教えられるか」を問うた。教育の根本は、一人ひとりが自らの徳（善さ）を引き出し育てることにあるととらえたからにほかならない。また、近代教育学の祖といわれるルソーは、『エミール』において、人間の自然性に根ざした教育を提案し、最終的には道徳的自由を謳歌できる人間を目指した。ルソーの思想に感化されたペスタロッチーは、人間性の育成を教育の目的ととらえ、3 H（Head、Heart、Hand）の調和的発達を追求した。その調和的発達において、Heart の教育を中核に置いている。幼稚園の父フレーベルは、神性の育成を教育の目的とし、人間に内在する神的なものこそ人間の本質であるとしている。

　また、カントは善意志による道徳律の確立こそ教育の根幹であると主張し、人格の共同体を理想的社会として提案する。また、シュプランガーは、教育の機能として発達の援助、文化財の伝達、良心の覚醒を挙げ、良心の覚醒を重視する。さらにデューイは、教育を経験の再構成と定義し、そこから習慣が形成され人格へと高まっていく教育を主張する。このように西洋の教育史を紐解け

ば、道徳教育が教育の根幹にあることを異口同音に主張されているのである。

(2) 改正教育基本法から―道徳教育が教育の根幹に位置づく―

では、我が国の教育において「道徳教育」はどのように位置づけられているだろうか。周知のごとく、日本の教育の基本方針を示している教育基本法が、2006（平成18）年に改正された。改正教育基本法の条文には道徳教育という言葉は出てこない。しかし、道徳教育を意味しているという言葉は出てくる。それが人格である。

人格という言葉は3回使われている。第1条（教育の目的）と第3条（生涯学習の理念）と第11条（幼児期の教育）である。すなわち、我が国の教育の目的は「人格の完成を目指」（第1条）すものであり、それは、幼児期において「生涯にわたる人格形成の基礎を培い」（第11条）、生涯にわたって「自己の人格を磨き、豊かな人生を送ることができるよう」（第3条）な教育を目指すのである。人格を育てる教育が、あらゆる教育の根幹にあるということである。

この人格と道徳とは、どのような関係にあるだろうか。第2条（教育の目標）に明記されている。人格の完成を目指した教育の内実を5つの項目（号）で示している。1号は知、徳、体の育成を挙げている。そして、2号から5号においては、共通して態度の育成を求めている。態度とは、姿勢であり心構えでもある。そこに挙げられている内容は、人間として生きる上において大切にしなければならない心構えが示されている。それらは、道徳的価値意識である。ほとんどが道徳の指導内容と重なる。

つまり、1号に求める知、徳、体は並列ではない。人間として求められる道徳的価値意識を培う徳の教育が基盤となって、知育、体育がある。そのことによって、知識や技能、体力などが人間としてよりよく生きるという目的のもとに統合され、人格が形成されていくととらえられる。

(3) 社会の変化と子どもたちの問題行動の多発―人間の本質からの対応が必要―

今回の道徳の教科化に関する提案は、安倍首相の諮問機関である「教育再生実行会議」から、いじめ対策の第1の方針として打ち出された。つまり、今日多発化する青少年の問題行動の根幹に、道徳性の低下を指摘しているのである。

子どもたちの問題行動の多発化は、社会の変化と大いに関係がある。かつて、セオドーア・ルーズベルトは「人間を道徳面で教育しないで、知識面でのみ教

育すると、社会に脅威を生み出すことになる」と警告を発している。科学技術が発達する社会であればあるほど、道徳性の育成が求められるのである。また、社会の変化が速くなればなるほど、相手の立場に立って考えたり、自分を見つめたり、物事をじっくり考えたりする時間がもてなくなる。ここにも道徳性の低下の原因を指摘できる。

さらに、知識基盤社会は、人々に科学的思考を求める。科学的思考の特徴として、特に客観性、批判性、厳密性を挙げることができる。これらの徹底は、冷徹な心、疑う心、間違いを許さない心をはぐくむ。これらは人間らしい心とかけ離れていきかねない。だからこそ、同時に、温かい心、信じる心、広い心を基にした道徳的思考の育成がいっそう求められるのである。

2　道徳の「教科化」の理念と目的

このような道徳教育を中核とした学校教育の現状は、いかがであろうか。残念ながら現状においては、道徳教育が中核になっているとはいいがたい。確かに法律上は、道徳教育が学校教育の中核であることが示され、その要として道徳の時間が設けられ、教科より上位の領域として位置づけられている。それが、学校現場においては、実質化されていないのである。

道徳の時間が道徳教育の要であるためには、各教科等における道徳教育の要としての役割を果たすと同時に、少なくとも次の三点を満たす必要がある。

一つは、学校経営、学年経営、学級経営の要として機能することである。道徳教育が学校教育の中核に位置するならば、道徳の時間は、学校経営、学年経営、学級経営の要として機能するようにしなければならない。

二つは、子どもたちの豊かな自分づくりの要として機能することである。道徳教育は、人格の基盤となる道徳性を計画的、発展的にはぐくむものである。道徳の時間は、子どもたち一人ひとりの豊かな自分づくりの要としての役割が課されることになる。

三つは、学校、家庭、地域連携の要として機能することである。道徳教育は、子どもたちの生活の場全体において行われる。だとすれば、道徳の時間は、学校、家庭、地域連携の要としての役割を果たさねばならない。

これらのことを、教育課程においていかに取り組んでいけばよいのか。教育

課程における特別な位置づけが求められるのである。
　では、どのような特別な位置づけをしていけばよいのか。確かに、道徳は、領域として教科の上位概念として位置づけられている。しかし、道徳の時間が設置されて55年になるが、学校現場の意識は教科の下位に位置づけられている。各校の人員配置、予算配分、研修体制、授業の取り組みなどを見れば明白である。そこで提案されてきたのが道徳の教科化である。

(1)　どのような道徳の教科化が求められるのか
　　―道徳の特質を考慮した特別な枠組みによる教科化―

　教育再生実行会議は、道徳の特質を考慮した特別な枠組みによる道徳の教科化を求めている。つまり、従来の教科の枠組みにこだわらずに、道徳の特質に応じた教科化を図るということである。
　では、道徳の特質とは何か。すでに、道徳教育の特質と道徳の時間の特質として述べてきた。それは、教科の枠を超えているといった方が適切である。そのことを考慮して、道徳の教科化を図るためには、教科道徳ではなく、特別教科道徳として明確に位置づけることが適切であると考えられる。
　具体的には、教育課程を、特別教科道徳、各教科、特別活動、総合的な学習の時間で構成するとし、特別教科道徳は、学校教育の中核となる道徳教育の要として教育活動全体と関連をもたせながら計画的、発展的に指導するものとする、といった規定をしていけばどうであろうか。それらについて、次に詳しく考えてみたい。

(2)　特別教科道徳の提案

① 道徳教育の目標の明確化―自律的に道徳的実践のできる人間を育てる―

　特別教科道徳について構想するには、道徳教育の目標から吟味する必要がある。現行の学習指導要領では、道徳教育の目標は道徳性の育成にあり、それは、自らの豊かな人生と我が国の発展と世界の平和に貢献する主体性のある日本人の基盤となる道徳性（具体的には道徳の指導内容として示されている）と、道徳的心情、判断力、実践意欲と態度などの道徳性をはぐくむことが示されている。
　このことを再度吟味してみると、そのような道徳性をはぐくむことによって、自らの豊かな人生とともに我が国の発展と世界の平和に貢献する人間を育てなければならないのであり、それは、内面を育てることを中核として道徳的実践

のできる人間を育てることを意味しているととらえられる。このことをより明確にするために、道徳教育の目標の中に「自律的に道徳的実践のできる人間を育てる」ことを明記すればどうか。それは具体的にいえば、自ら気付き（感じ）、考え、判断し、道徳的実践のできる子どもを育てるということである。そのことを明確に示すことによって、内面を育てるだけではなく行為にまで移す力や、課題や問題の本質を追求するだけではなく課題や問題を実際に解決していく力をも、積極的に育成することになる。

そして、さらに重要なのは、そのような道徳的思考や実践を習慣化（日常化）することである。それは同時に、学校や学級を道徳的風土のある集団にしていくことでもある。もちろん、これらは、学校教育全体で取り組む道徳教育を通してである。

では、このことを踏まえて、特別教科道徳の目標をどのように考えればよいのか。

② 道徳の目標の明確化

現在の道徳の時間の目標は、次のようになっている。「各教科、外国語活動（小学校のみ）、総合的な学習の時間及び特別活動における道徳教育と密接な関連を図りながら、計画的、発展的な指導によってこれを補充、深化、統合し、道徳的価値の自覚及び自己の生き方についての考えを深め（中学校は、道徳的価値及び人間としての生き方についての自覚を深め）、道徳的実践力を育成するものとする」である。基本的には、この規定を踏襲すべきだと考える。道徳教育は、自律性を最も大切にしなければならず、そのためには、道徳的価値の自覚及び道徳的実践力の育成が大切だからである。

ただし、道徳が「自律的に道徳的実践のできる人間を育てる」道徳教育の要となるためには、もう少し目標を明確化する必要がある。すなわち「各教育活動や日常生活における道徳教育と響き合えるようにする」ことを明記するのである。そして、道徳的価値の自覚を深め道徳的実践力を養うという表現のあとに「すなわち、道徳的価値に照らして自己を見つめ、自己課題を見いだし追い求めようとする意欲をはぐくみ、各教育活動や日常生活で主体的に取り組めるようにするなど具体的に取り組めるようにする」といった文言が入ると道徳の目標がよりわかりやすくなる。

道徳の授業は、道徳的価値に照らして自己をしっかり見つめ（自己評価）、課題を見いだし取り組もうとする意欲をもたせる（自己指導への意欲））ことを中心とし、他の教育活動や日常生活とつながっていく（自己指導）ようにしたい。

(3) 特別教科道徳の具体的構想

　では、特別教科道徳をどのように具体化すればよいのか。ここでは、最も基本的な点について述べてみたい。

① 教科書

　授業を充実させるには教材が不可欠である。道徳においてもしかり。ただし、道徳教育の要としての特別教科道徳を考えた場合、教材は二つ必要である。一つは、特別教科道徳の教材、もう一つは、全教育活動を通して行う道徳教育の教材である。前者は、教科書を開発すべきである。後者は、各教科の教科書の中にそれぞれの特質に応じて道徳教育に関する記述があるが、各教育活動や日常生活全体において使える教材が必要である。それが現在の『心のノート』である。道徳教育の充実のためには特別教科道徳の教科書と全教育活動で活用する『心のノート』の二つが必要なのである。

　なお、現在『心のノート』は、道徳の時間と各教育活動や日常生活と響き合わせられるように、道徳の授業で使える読み物資料を数編追加するなどの改訂作業が行われている。それを活用することによって、道徳の時間と他の教育活動や日常生活での道徳学習とをより響き合わせることができる。教科になっても同様に使うことができる。

　なお、教科書は検定にし、複数のものから選べるようにする。そのことで多様な資料や指導方法が開発される。さらに、道徳の場合は、地域教材や、子どもたちの実態に合った魅力的な資料を、独自に開発したり選定したりすることも大切である。道徳の特質を考えると、例えば、道徳の授業においては、3分の2は使い（他の部分は各教科や日常生活、家庭との連携などで使う）、あとの3分の1はさまざまな資料を使って授業ができるようにするといった配慮が必要である。

② 指導者

　次に、誰が指導するかである。道徳の特質から考えて、現在の道徳の時間と同様に、学級担任が中心となって全教職員が協力して取り組めるようにする必

要がある。特に校長や副校長（教頭）は、すべてのクラスの道徳の授業に１回は参加することを義務づけたい。

　道徳をすべての教員が指導できるようにするには、道徳免許の交付を考えねばならない。教員全員が道徳免許を持つことは、道徳の特質からいっても妥当である。例えば、教員免許のどの種類を取るときにも、所定の科目の単位の修得とともに、あと８単位道徳教育科目を履修しなければならないとし、そのことによって道徳免許が取得できるようにする（現在教員免許を持っている人は、道徳の研修講座などで８単位分をカバーし５年くらいで全員取得できるようにする）。そのことにあわせて、大学の教員養成学部や学科における道徳教育講座や教員の充足、さらに、道徳教育研究者を養成する大学院や研究所等が充実される。

　なお、ここでも課題が残る。道徳授業の質の向上を図るためには、道徳授業をサポートできる教員の配置が必要になる。道徳教育指導教員の加配が求められる（当面は中学校区に１人とし退職教員の配置で対応することもできるのではないか）。また、指導力のある教員を道徳教育推進教師に任命できるようにするためにも、道徳教育推進教師に特別手当がつくようにすることも必要であろう。

③　評価

　評価については、教育再生実行会議でも点数化による評価は行わないとなっている。当然である。現行の指導要録には、道徳の時間の記録の欄は設けられていない。それでは道徳の時間の学習の実態が次の学年に受け継がれない。

　では、どのような評価を行えばよいのか。特別教科道徳の目標を現在の道徳の時間とほぼ同様にした場合、道徳の評価は、さまざまな場面で行われる道徳学習とかかわらせながら、道徳的価値の自覚をいかに深め道徳的実践力を身につけたかが問われる。言い換えれば、道徳的価値とのかかわりで自分をいかに深く見つめ自己課題を見いだし、実践しようとしているかである。そのことを押さえた上で、道徳の授業を充実させるためのさまざまな評価方法を開発することが大切である。

　ただし、指導要録の評価欄には、授業を通しての道徳的成長のみを記述するようにする。道徳性は人格の基盤となるものであることから、励まし勇気づける評価を基本にする必要がある。例えば「４つの視点ごとにその子の中で成長したと思える道徳的心情や判断力、実践意欲・態度などについて簡潔に記述す

る」といったことでよいのではないか。自分の中にある道徳的価値の成長に気付くこと自体が、道徳的価値の自覚であり、その部分をさらに伸ばしていこう（課題の克服も含めて）とすること自体が、道徳的実践力を高めることになる。

④ 指導方法の改善

1）教科書の工夫が必要

　特別教科道徳の理念や目的は、指導方法の改善を求める。端的には、教科書に反映される。例えば、それぞれの指導内容項目に関する指導に資する資料の掲載は当然として、自分を複数の道徳的価値から見つめられる教材（結果的にトータルに自己を見つめられるようにする）。人間とは何か、生きるとはどういうことか、学ぶとはどういうことかについて学年段階ごとに考えられる教材。重点的内容項目を発展的に学習できる教材。各教科等と関連をもたせて学ぶ教材。日常生活や調べる学習等と関連をもたせて学ぶ教材。家庭や地域との連携を前提とした教材等を取り入れるようにする。さらに『心のノート』と響かせ合えるようにする。

2）重点目標については、総合道徳（仮称）を計画し実行するものとする

　総合道徳とは、道徳の授業を要として、関連する教育活動や日常生活、家庭や地域での道徳学習などと関連をもたせて、子どもたちと一緒に道徳学習を発展させるものであり、保護者や地域の人々にも参加いただいて進める道徳教育である、といった規定をしておいてはどうか。そのなかで、さまざまな課題（いじめや環境教育、国際理解教育、福祉教育など）に対して道徳授業での道徳的価値の自覚を深める学習を要として、他の学習活動等における課題解決力の育成や実践の高まりなどを意図した学習などを計画して、相互に響かせ合う指導を行うこともできる。

3）道徳の授業でノートの使用や開発を促す

　道徳の学習効果を実感するためには、授業のことやその後の学びなどについて記録できるノートが不可欠である。それは、ポートフォリオ的評価にも使うことができる。ノートには、道徳の授業での学びを明確に記入し、授業前に調べたことや、授業後の学びや取組み等も記述できるようにする。そのことによって、道徳の授業を要として日常生活やさまざまな学習活動とかかわらせてとらえ、意識的に道徳的学びを深めることができる。『心のノート』とも響き合

えるようにしたい。

　また、ノートの表紙も、図工の時間に原画を描いてそのコピーを貼る。自分の分身であるキャラクターをイラストで創り、日々の自分に問いかけるようにし自己内対話を深める。先生や親にも自身のキャラクターを創ってもらって（言葉が書ける吹き出し模様も一緒につける）、ノートを通して会話ができるようにする。また、気付いたことや心打たれたテレビ番組や本、新聞記事なども貼れるようにする，等々の工夫をすることによって生涯の宝物とすることができる。道徳ノートを教科書や『心のノート』とかかわらせて記入できるように工夫することで、三つが生涯の心の支えとなり宝物となるようにしたい。

〈参考文献〉
- 貝塚茂樹（2008）『戦後教育は変われるか―「思考停止」からの脱却をめざして―』学術出版会
- 貝塚茂樹（2012）『道徳教育の取扱説明書―教科化の必要性を考える―』学術出版会
- 柳沼良太（2012）『「生きる力」を育む道徳教育―デューイ教育思想の継承と発展―』慶應義塾大学出版会
- トーマス・リコーナ、マシュー・デイビッドソン（柳沼良太、吉田誠訳）（2012）『優秀で善良な学校―新しい人格教育の手引き―』慶應義塾大学出版会
- 村田昇（2011）『道徳教育の本質と実践原理』玉川大学出版
- 新堀通也（2000）『志の教育―「危機に立つ国家」と教育―』教育開発研究所
- 片岡徳雄（1996）『個性を開く教育』黎明書房
- 稲富栄次郎（1977）『稲富栄次郎著作集(1)　教育の本質』福村出版
- 村井実（2006）『新・教育学「こと始め」』東洋館出版社
- 押谷由夫（1995）『総合単元的道徳学習論の提唱』、文溪堂
- 押谷由夫（2001）『「道徳の時間」成立過程に関する研究―道徳教育の新たな展開―』、東洋館出版社
- 押谷由夫他（2011）『道徳性形成・徳育論』、NHK出版

2　道徳教育の成果と課題を考える

柳沼　良太

1．道徳教育の再生の可能性

　我が国では教育の再生に向けて道徳教育を重要な課題としてとらえ、さまざまな改革を続けてきた。近年では、深刻ないじめ、校内暴力、学級崩壊、少年犯罪などが社会問題化するたびに、公共の精神や規範意識を高め、自他の生命を尊重し、豊かな人間関係力を育成するべきだという議論が繰り返し行われてきた。そうしたなかで道徳教育を「心の教育」としてとらえ直し、子どもたちの現実的な問題行動に対応できる道徳教育とすることも期待されてきた。

　こうした道徳教育を改革しようとする一連の政治的動向は、年来続いてきた。すでに1987（昭和62）年の臨時教育審議会の第4次答申では、特設「道徳」の内容の見直し・重点化が提言され、2000（平成12）年の教育改革国民会議の報告では、小学校に「道徳」、中学校に「人間科」などの教科を設けることが提言され、2007（平成19）年の教育再生会議の第三次報告でも、徳育を「新たな枠組み」で教科化することが提言されている。こうした流れのなかで2013（平成25）年2月の教育再生実行会議の第一次提言において、「現在行われている道徳教育は、指導内容や指導方法に関し、学校や教員によって充実度に差があり、所期の目的が十分に果たされていない状況」にあると指摘して、「いじめ問題等に対応する」ために道徳教育の充実を図るとともに、「道徳の特性を踏まえた新たな枠組みにより教科化し、指導内容を充実し、効果的な指導方法を明確化」するよう求めている。

　こうした動向を受けて文部科学省の方でも、道徳教育の充実を目指し、道徳授業の改善に努めてきた。1998（平成10）年の中央教育審議会答申では、道徳授業が「子どもの心に響かない形式化した指導、単に教え込むにとどまるような指導」となりがちな点を指摘し、「子どもの心に響く多様な道徳授業」に改

良するよう求めている。2008（平成20）年の中央教育審議会答申でも、「指導が形式化している」ため、「実効性が上がるよう改善を行う」よう求めている。こうした答申では学習指導要領に反映され、「新たな枠組みによって教科化」することまでは踏み込んでいないが、子どもの心に響く教材の開発、体験活動の活用、『心のノート』の活用、学校と家庭や地域との連携などが推奨されてきた。

　しかし、それにもかかわらず、道徳教育や道徳授業は「形骸化している」「実効性が上がらない」という批判を受け続けている。そもそも、いじめのような現実の深刻な問題に道徳教育や道徳授業は対応できるのか。「新たな枠組み」の道徳教育や道徳授業とは、どのように構築されるべきなのか。こうした道徳の「教科化」にかかわる基本的かつ根本的な課題について本節では考えてみたい。

２．いじめ問題等に対応する道徳教育の課題

　まず、教育再生実行会議が「いじめ問題等に対応する」ために「道徳教育の抜本的な充実」を求めたことから考え始めよう。

　この提言は、これまで我が国で何度も繰り返されてきたいじめ自殺事件を念頭に置いている。特に、2011（平成23）年に滋賀県大津市で中学２年生の男子生徒がいじめを苦に自殺した事件を強く意識している。当該の中学校は、この事件の起こる直前の2009（平成21）年度から翌年度にかけて文部科学省から「道徳教育実践研究事業」推進校として指定を受け、いじめ問題にも対応した道徳教育にも積極的に取り組んでいた。それにもかかわらず、実際には凄惨ないじめがあり、被害生徒の自殺事件にまで発展して社会問題化したため、「道徳教育は何をやっているのか」「道徳授業は形骸化している」と強く批判されるきっかけとなったのである。こうしたなかで、「いじめ防止対策推進法」が2013（平成25）年６月に成立するとともに、学校では道徳を新たな枠組みで「教科化」し、いじめ問題等にも対応できるように充実させることが強く求められてきた。

　ただ実際のところ、従来の道徳授業のように、読み物資料に登場する架空の人物の心情を共感的に理解するだけでは、いじめのような現実の過酷な問題には対応できないだろう。仮に学校現場でいじめ問題等が起これば、道徳授業で

間接的に指導するのではなく、毅然とした態度で生活指導（生徒指導）をしたり、学級活動の時間に話し合ったりして直接的に対応するのが一般的である。そのため、道徳授業では現実離れしたきれいごとが語られるにすぎず、いじめのような問題には役立たないため、有名無実なものとみなされる傾向がある。

　こうした従来の道徳授業をそのまま「教科化」しても、それほど実効性は高まらないだろう。いじめ問題などにも対応させるためには、子どもの日常生活の問題解決にも役立つようなスタイルに道徳授業を根本から再構築する必要がある。その場合、単にネガティブで対症療法的な生活指導（生徒指導）のような道徳授業にしてしまうのではなく、肯定的で予防（開発）的な「心の教育」としての道徳授業として再構成し、実効性の高い多様な指導方法を取り入れることが求められる。

3．道徳教育の成果とその課題

　次に、我が国の道徳教育における成果とその課題をいくつか取り上げたい。

　第一の成果は、道徳教育の目標や全体計画、年間指導計画を綿密に作成してきたことである。道徳教育の目標は、「道徳性」や「豊かな人間性」を育成することであるが、時代的・社会的な要請によってこの「道徳性」や「人間性」という抽象的概念にさまざまな具体的内容が盛り込まれてきた。学習指導要領の総則では、従来から規定されている「個人の価値の尊重、正義、責任」などに加え、新しい教育基本法に対応させて「伝統と文化を尊重」すること、「我が国と郷土を愛」すること、「公共の精神を尊」ぶこと、「他国を尊重」すること、「環境保全に貢献」すること等が加えられた。そして学習指導要領の3章には内容項目として、小学校低学年では16項目、小学校中学年では18項目、小学校高学年では22項目、中学校では24項目あり、それぞれの項目に複数の道徳的価値が含まれている。そして、こうした内容項目を計画的かつ系統的に教育できるように、学習指導要領の第3章第3節では、「各学年段階ごとの内容項目は相当する各学年においてすべて取り上げること」と記している。

　これに関する課題としては、道徳教育が上述のように膨大な内容を目標に掲げ、計画的かつ系統的に追求しようとするあまり、硬直し形骸化してきたことである。それゆえ、年間指導計画やその別様も総花的で形式的なものにならざ

るをえず、それを一通り実施するだけで精いっぱいな状況になりがちなのである。さらに、年度の初めに設定した年間指導計画の縛りが強すぎて、学校や学級の諸事情に則して柔軟に変更することができない状況にある。こうした点を省みると、年間指導計画を学校や学級の実態に合わせて弾力的に適用し柔軟性をもたせるとともに、教えるべき価値内容を精選して重点化した指導をいっそう行う必要があるだろう。

　第二の成果は、道徳教育の本質や特性を明確にしてきたことである。道徳教育は、単なる生徒指導や学級活動とは異なり、学校教育全体の教育活動を通して豊かな人間性や道徳性を育成することであることが明らかにされてきた。それゆえ、道徳教育はすぐに効果が出る「即効性」の高いものではないため、長期的かつ総合的な取組みがなされてきた。また、道徳教育は「心の問題」にもかかわるため、「数値などによる評価」はしないことを前提に、独自の指導内容や指導方法を確立してきた。

　これに関する課題としては、道徳教育が本質や特性にこだわるあまり、「実効性」が失われていったことである。道徳教育の本質は、生徒指導と違って、子どもの生活場面や問題場面ですぐに適切な指導を行えないため、即効性のみならず実効性すら疑われてきたのである。また、道徳教育は学校の教育活動全体を通して行われることになっているが、教師全体で道徳教育の理念や方法が統一されていないと、取り組む意識に格差が生じてしまい、その効果も薄くなりがちである。さらに、道徳教育では「数値などによって評価」しないことを原則とするため、道徳教育の実効性を客観的に検証することができない状況にある。それゆえ、道徳教育の目標に準拠した指導方法と評価方法を開発・実施・検証することが喫緊の課題になる。

　第三の成果は、道徳教育が情緒的側面を育成する点を明確に提示したことである。明治の学制以来、教育は「知育・徳育・体育」に分けられ、徳育は「知・情・意」のなかでも「情」を重視する方針を打ち出してきた。近年だと、道徳教育では「生きる力」のなかでも「豊かな人間性」に焦点を当てている。また、道徳教育で育てようとする資質・能力としても、道徳的心情や実践意欲や態度という情緒的側面を強調することで、各教科や特別活動や総合的な学習の時間との違いを明確に打ち出すことができた。

これに関する課題としては、道徳教育が情緒的側面を重視するあまり、道徳の基礎・基本の習得や道徳的判断力の育成、あるいは道徳的行動・習慣の育成を軽視してきた点である。こうした点を見すえ、道徳教育では、道徳的な知識や判断力という認知的側面、道徳的心情や実践意欲及び態度という情緒的側面、そして道徳的行為や習慣という行動的側面をバランスよく育成する必要がある。

4．道徳授業の成果とその課題

　道徳授業の方もまた、道徳教育と同様に、成果とその課題がセットで指摘される。

　第一の成果は、道徳授業に特有の型が確立されたことである。生活指導や学級活動と区別できるように、道徳授業では読み物資料を用いた独自の型が構築されてきた。道徳授業の典型的な学習指導過程として、導入では、ねらいとする道徳的価値へ方向づけ、展開前段では、読み物資料を使って登場人物の気持ちを共感的に追求し、展開後段では、ねらいとする道徳的価値の一般化を図り、終末では、教師の説話を聞くという型がある。こうした指導方法は、国語科における物語文の学習とも類似しているが、道徳的価値の自覚を深め、「自己の生き方」や「人間としての生き方」について考えを深める点で独自のスタイルを確立している。この学習指導過程は、道徳の目標と合致し、単純でわかりやすいため、どの担任教師でも習得できて、年間指導計画どおりに系統的な指導ができるという利点がある。

　教師の側では、こうした道徳授業が子どもにとって「おもしろい」あるいは「ためになる」と考える割合が比較的大きい。2005（平成17）年度の道徳教育推進状況調査の結果によると、「道徳の時間を『楽しい』あるいは『ためになる』と感じている児童生徒がどの程度いると思うかを学校に質問したもの」では、「ほぼ全員」と「３分の２くらい」を合算した肯定率が、小学校低学年では87.9％、中学年で76.8％、高学年で60.7％、中学校１年で49.8％、２年で40.8％、３年で39.7％であった。

　これに関する課題としては、道徳授業が型にはまって、ワンパターンでマンネリ化してくることである。金井肇らが1995（平成７）年に小・中学生を対象とした「道徳授業についてのアンケート調査」でも、道徳の時間が「楽しい」

と答えているのは、低学年で55.2％と高いものの、中学年では36.5％、高学年では18.9％、中学1年生では15.7％、2年生では6.0％、3年生では5.2％と最下位に近づく。「道徳授業を楽しくない」と感じる最大の理由は、どの学年でも共通して「いつも同じような授業だから」である。今日でも類似のアンケートを各地で行うと、ほとんど変わらない調査結果が出てくる。こうした子どもの意識と上述した教師の意識のギャップに留意する必要があるだろう。
　第二の成果は、道徳授業の本質や特性が明確に提示されたことである。学習指導要領において、道徳授業は学校で行われる道徳教育全体の教育活動と密接な関連を図りながら、「計画的、発展的な指導によってこれを補充、深化、統合」し、「道徳的価値の自覚」及び「自己の生き方」(小学校)や「人間としての生き方」(中学校)についての考えを深め、「道徳的実践力を育成するもの」と明確に規定されている。ここでいう「道徳的実践力」とは、「道徳的心情、道徳的判断力、道徳的実践意欲と態度」を包含するものと明確に規定されている。また、道徳授業では、子どもの道徳性に関して「数値などによる評価」を行わない方針を打ち出しているため、子どもは自由にのびのびと道徳授業に参加し発言することができる。
　これに関する課題としては、道徳授業の本質や特性に拘束されて、なかなか実効性が上がらないことである。この点で「授業が子どもの本音や現実生活からかけ離れている」「日常生活の改善につながらない」という批判が寄せられてきた。例えば、道徳授業で「思いやり」や「友情」について道徳的価値の自覚を深めたあと、すぐ休み時間に喧嘩やいじめが起きることもある。その際、「道徳授業は自分の生活を振り返る時間だ」「道徳授業はすぐに効果の出るものではない」「10年後20年後に効果が出るかもしれない」と弁明されることもある。しかし、追跡調査をしても、将来にわたってもなかなか効果が現れてこないことも多い。そもそも道徳授業で子どもは、ねらいとする道徳的価値を理解することはできても、自分の生活経験には活用・応用しないことが多いため、道徳的行為や習慣につながらないのが一般的である。さらに、道徳授業でも子どもの道徳性については、「数値などによる評価」をしないため、子どもが道徳授業を現実生活に結びつけなくとも問題はない。教師の方でも子どもの道徳性を客観的に把握できないため、道徳授業がどれだけ実効的であったか検証す

ることができず、指導方法の改善にもつながらないのである。

　第三の成果は、道徳授業の目標に応じて、道徳的心情や態度を育成する方針を確立したことである。我が国で広く行われている道徳授業の指導方法は、読み物資料を用いて、主人公の気持ちを共感的に理解させ、道徳的心情や態度など情緒的側面を育成しようとするタイプである。場面ごとに「登場人物はどんな気持ちだったか」と問いかけることで、ねらいとする道徳的価値の自覚を図り、道徳的心情や道徳的実践意欲・態度を育成するのである。

　これに関する課題としては、道徳授業で情緒的側面を重視するあまり、道徳的判断力や道徳的行動力、習慣を指導することができないことである。具体的には、登場人物の気持ちを尋ねることに終始してしまい、「問題場面で登場人物はどうすべきか」「自分なら（人間として）どうするか」「なぜそうするべきなのか」「どう生きるべきか」という判断や理由を尋ねることが難しい。また、過去の自分を振り返ることに執着して、将来の自分の行動目標を具体的に構想しないため、行動や習慣の改善につながらないのである。

5．「従来の枠組み」による道徳授業が普及した背景

　ここで「従来の枠組み」による道徳授業が広く普及した背景を概観しておこう。

　戦後に確立した「従来の枠組み」による道徳授業が構想された背景には、戦前の修身教育に対する根強い反発がある。修身科の授業は、正式な教科であったため、教師が教科書をもちいて道徳的価値（徳目）を教え、子どもの道徳性について評価を行い、将来の道徳的行為や習慣形成に結びつくように指導していた。その反動として、戦後の道徳授業は、教科から領域へ「格下げ」され、子どもたちが道徳的内容について自由に考え話し合うような活動が主となった。こうした道徳授業では、知識や技能を習得したり、論理的な思考をしたりせず、道徳的行動や習慣に結びつけることもしなくなった。

　1958年に「道徳の時間」が特設された際、文部省の通達によって「道徳の指導法」は提示されたものの、当初は子どもの実態を踏まえて生活指導（生徒指導）をするような道徳授業が数多く行われていた。そこで、教育課程審議会は1963（昭和38）年に「いわゆる生活指導のみをもって足れりとする」風潮を批判し、「道徳教育の本質」を理解した道徳授業をする必要性を提唱している。

それをうけて文部省は、1964年から1966年にかけて『道徳の指導資料』を刊行し、「道徳教育の本質」を踏まえて、読み物資料を活用する指導方法を打ち出している。ここで提示された指導方法が、国語科における物語文の指導法にならって、読み物資料（副読本）の物語を読ませ、登場人物（特に主人公）の心情を場面ごとに共感的に理解させるやり方である。道徳の副読本を作成する民間会社も、基本的にはこの指導資料のやり方にならって指導方法を構成することになった。

　その後、こうした道徳授業があまりに形式化（形骸化）し、実効性のないことが明らかになるにつれ、多様な指導方法を用いることが推奨され、魅力的な教材の開発、問題解決的な学習や体験活動の活用、地域や家庭との連携なども広まってきた。しかし、一度強力に確立した「従来の枠組み」から道徳授業はなかなか脱却できずにいる。近年では、子どもたちの「心の問題」が社会的にクローズアップされると、文部科学省では道徳教育の抜本的な充実を求めて、「新たな枠組み」で生活指導（生徒指導）とも関連した『心のノート』を作成し、道徳授業での活用を推奨した。しかし、『心のノート』の手法は、従来の枠組み（登場人物への共感を軸とする道徳授業）と根本的に異なっていたため、道徳授業にはなかなか広まっていかなかったのである。

6．新たな枠組みを求めて

　こうしたなかで「新たな枠組み」で道徳を教科化することが提案された。そもそも「新たな枠組み」とは何か。まず、2007（平成19）年に教育再生会議の第三次報告で示された、「徳育を教科化」するための「新たな枠組み」とは、「授業内容、教材を充実し、授業時間を確保して、年間を通じて計画的に指導する」ものである。これにはただし書きで、「点数での評価はせず、専門の免許も設けない。小学校、中学校とも学級担任が担当する」と記されている。これをうけて2013年に教育再生実行会議の第一次提言で示された、「道徳を教科化」するための「新たな枠組み」とは、「道徳の特性をふまえた」もので、「指導内容を充実し、効果的な指導方法を明確化する」ものである。ここで特にただし書きはないが、点数での評価はせず、専門の免許も設けず、小・中学校とも学級担任が担当する方針は、前報告から継承されている可能性が高い。

こうした意味での「新たな枠組み」とは、道徳授業としては「従来の枠組み」をそのまま継承するが、教科としては（点数による評価も専門の免許もない点で）「新たな枠組み」ということである。こうした「新しい枠組み」で「道徳教育の充実」や「道徳の教科化」に踏み切った場合、メリットとデメリットがそれぞれ想定される。

　このまま「教科化」するメリットとしては、道徳が単なる「領域」から正式な教科へと「格上げ」されることで、道徳の時間が確実に教育課程や時間割に組み込まれ、道徳授業に関連する教科書等の購入に予算がつき、道徳に対する教師の意識も格段高まり、道徳授業の実施率も飛躍的に（実質的に）上がることである。それに対して、デメリットとしては、現在のような道徳教育の全体計画や年間指導計画がさらに硬直化して現場に強制され、画一的で実効性のない指導方法が強力に押しつけられ、道徳教育がますます形骸化してしまう恐れがあることである。

　そこで次に考えるべきは、どうすれば「道徳の教科化」によって授業の質や実施率を上げるとともに、道徳教育や道徳授業の形骸化を克服できるかである。道徳教育や道徳授業における課題の原因は、上述のとおり明らかであるため、それに対する具体的な対策もいろいろ考えられる。もし道徳を「教科化」するのであれば、まさに「新たな枠組み（パラダイム）」で道徳教育と道徳授業を見直し、認知的側面、情緒的側面、行動的側面をバランスよく育成する必要がある。そうすれば、生徒指導や特別活動（学級活動）とも関連・連携しながら、現実的な問題にも対応できる道徳教育の基盤が形成できる。また、子どもの認識能力や道徳性の発達段階を踏まえて、多様な指導方法を取り入れることである。そこでは、各教科と同様に、子どもの普段の生活経験に関連づけて学習できるように、問題解決的な学習や体験的な学習を活用することが考えられる。さらに、客観的で信頼性のある評価方法を開発し、子どもの学習の成果を認め励ますとともに、指導方法の改善に役立てることである。

　こうした「新たな枠組み」で道徳教育を構想し直すためには、道徳教育及び修身教育の成果とその課題を検証し、各教科等の目標・指導方法・評価と比較し（本書第二章1～3参照）、そして国内外のすぐれた道徳教育の取り組みも参考にして（本書の第三章参照）、具体的な議論を積み重ねていくことが大切になる。

〈参考文献〉
- 押谷由夫（2001）『「道徳の時間」成立過程に関する研究─道徳教育の新たな展開─』東洋館出版社
- 貝塚茂樹（2008）『戦後教育は変われるか─「思考停止」からの脱却をめざして─』学術出版会
- 貝塚茂樹（2012）『道徳教育の取扱説明書─教科化の必要性を考える─』学術出版会
- 柳沼良太（2013）「道徳教育はなぜ形骸化したのか」『月刊 教職研修』2013年8月号　教育開発研究所
- 柳沼良太（2010）『ポストモダンの自由管理教育─スキゾ・キッズからマルチ・キッズへ─』春風社
- 柳沼良太（2012）『「生きる力」を育む道徳教育─デューイ教育思想の継承と発展─』慶應義塾大学出版会

3　グローバル時代の道徳授業を考える

西野　真由美

1．世界の教育改革が求めるもの

　日本では伝統的に学校教育の役割を「知・徳・体」の三領域で表してきた。知と徳が区別してとらえられてきたため、道徳教育が学力問題として語られることはなかった。しかし、今、世界の教育改革は、自律や他者との協働など道徳教育にかかわる領域をグローバル時代を生きる子どもたちに求められる学力の一翼として位置づけようとしている。本節では、この学力像を確認しながら、改めて道徳の授業に何が求められるかを問おう。

　PISAと呼ばれる国際的な学力調査が、世界各国の教育改革を牽引している。各国の得点が順位で明示されるこの調査は、下位となった国で「PISAショック」なる言葉が生まれるほどの衝撃を社会に与え、参加各国に自国の教育政策の見直しを迫ってきた。まさしく事実上、学力のグローバルスタンダード(国際標準)となっている。なぜこの調査がこれほど大きなインパクトをもって迎え入れられたのだろうか。

　PISA (Programme for International Student Assessment) とは、経済協力開発機構(OECD)が2000年から3年ごとに実施している国際的な学習到達度調査である。注目すべきなのは、この調査が伝統的な学力イメージとは全く異なる学力観を提起したことだ。

　「学んだことが役に立っているか」。PISA調査は世界の学校教育にこのストレートな問いを突きつけた。調査の実施に当たってOECDは、これからの社会で求められる学力の全体像を「キー・コンピテンシー（鍵となる力）」として明示している。キー・コンピテンシーは、「言語・情報・技術などを道具として使う」「自律的に活動する」「異質な集団で交流する」という三つの力のかかわり合いで構成され、それらを支えるのが反省的な思考力である。このうち国

際調査で測定されたのは、「道具として使う力」、つまり学んだ知識の量ではなく、その知識を実生活のさまざまな場面で活用する力である。

　世界の教育界は、この調査結果を学校教育に対する重要な問題提起として受け止めた。順位に一喜一憂してのことではない。「社会で求められる学力が大きく変化している」。「学校教育にはそれに応える改革が求められている」。PISA調査に込められたこのメッセージを各国が共感的に受け入れたのだ。飛躍的な技術革新を背景にグローバル化が加速していく変化の激しい現代社会のなかで、学校は実社会で使えない知識や技能を教えるだけでよいのか。子どもたちが将来社会に出た時、本当に役立つ力とは何なのか。21世紀の幕開けから今日まで、世界の教育界はこの問いへの答えを求め続けている。

　PISA調査に呼応するように、21世紀の学校でどんな力を育てるべきかを提起する独自の取組みも進展してきた。2002年にはEU（欧州連合）がキー・コンピテンシーをまとめ、アメリカでは政府・教育界・民間企業の協働で「21世紀スキル」が提起された。我が国でも、内閣府が2003年に公表した「人間力」を端緒に、「就職基礎能力」（厚生労働省、2004年）、「社会人基礎力」（経済産業省、2006年）、「学士力」（文部科学省、2008年）など、専門分野を超えて汎用的に育成すべき能力や資質を定義する試みが展開されてきた。

　それぞれの国や機関の「答え」は多様であるが、グローバル時代への認識を背景に、これからの学校教育で育てたい力に共通性が見られることに注目しよう。その一つは、PISA調査に見られたように、知識・技能の獲得だけでなく、身に付けた知識・技能を駆使して新たな問題や課題に挑戦し、さまざまな人々と協力しながらそれらを解決していく力が求められていることである。

　もう一つは、学力を統合的にとらえ、従来は心や徳にかかわるとされてきた領域、すなわち情動や社会性、倫理など、態度や価値観にかかわる要素を組み込んでいることである。例えば、EUでは、鍵となる力とは、ある場面や状況で求められる適切な知識・スキル・態度をあわせもっていることであると定義し、人生の充実や発展、市民生活に必要な力として位置づけた。アメリカで提起された「21世紀スキル」は、グローバル時代に求められるスキルを「4つのC」、すなわち、創造と革新（Creativity and Innovation）、批判的思考力と問題解決力（Critical thinking and problem solving）、コミュニケーション（Communication）、協

表1　近年日本で発表された能力・資質像

社会人基礎力			学士力	
前に踏み出す力	主体性		知識・理解	多文化・異文化に関する知識の理解
	働きかけ力			人類の文化、社会と自然に関する知識の理解
	実行力			
考え抜く力	課題発見力		汎用的技能	コミュニケーション・スキル
	計画力			数量的スキル
	創造力			情報リテラシー
チームで働く力	発信力			論理的思考力
	傾聴力			問題解決力
	柔軟性		態度・志向性	自己管理力
	情況把握力			倫理観
	規律性			チームワーク、リーダーシップ
	ストレスコントロール力			市民としての社会的責任
				生涯学習力
経済産業省　2006（平成18）年			総合的な学習経験と創造的思考力	これまでに獲得した知識・技能・態度等を総合的に活用し、自らが立てた新たな課題にそれらを適用し、その課題を解決する能力

文部科学省　2008（平成20）年

働（Collaboration）と表現している。

　こうした能力像に、「創造」や「革新」、さらには「リーダーシップ」などが挙げられているのを見ると、そんな能力は世界で活躍するエリート、いわゆる「グローバル人材」育成に向けたものではないか、という印象を受けるかもしれない。確かに、「学校で学んだ知識は役に立たない」という最初の問題提起は、各国の経済・産業界から起こった。その能力像には当然、国際社会で競争に打ち勝つ人材育成が期待されているとみるべきだろう。しかし、これらの「力」は、企業戦士や組織人にだけ求められるものではない。グローバル時代は、まさに私たちが生きているこの時代である。普通の人々のローカルな生活が、グローバル社会の影響を受けて変化してきているのだ。

　日々の食卓に上る食品が世界中から運ばれてくるなか、私たちは「賢い消費者」になるよう求められている。自分や家族が病気になったときは、どんな治療を選択するかを迫られる。仕事や生活のなかで価値観の異なる相手と協働しなければならない場面は日常だ。さまざまな情報を自分で入手し、答えが一つでないような問題を考え、選択し、決定していく力は、日々の私たちの生活で

求められるようになっている。世界で活躍するエリートが想定されているのではない。これらの力は、子どもがこれからの社会で幸福に生きるために鍵となる能力なのである。

2．生きる力をはぐくむ道徳授業とは

　「学校で学んだことが実生活で役に立つか」。PISA調査が突きつけたこの問いは、道徳教育にも無縁ではない。いや、むしろ、「実践力」の育成を目標に掲げる道徳教育においてこそ、真っ先に問われなければならなかった問いといえるかもしれない。

　我が国の教育は、「生きる力」をはぐくむという理念を掲げてきた。変化の激しい社会を生きる力として提起されたこの理念は、世界でも先駆的に21世紀のグローバル時代を生きるための実践的な力を学校教育で育てようとしたものと位置づけられる。では道徳教育はこの理念をどう実現しようとしてきたのか。

　今次の学習指導要領の改訂に当たって道徳教育では、改善の基本方針として、「健全な自尊感情をもち、主体的、自律的に生きるとともに、他者とかかわり、社会の一員としてその発展に貢献することができる力を育成する」ことが挙げられた。この方針からは、社会で発揮できる「力」の育成が強く意識されているのを確認できる。学習指導要領にはこの方針を実現するためのさまざまな改善が図られている。例えば、「内容の取扱い」には、「自分の考えを基に、書いたり話し合ったりするなどの表現する機会を充実し、自分とは異なる考えに接する中で、自分の考えを深め、自らの成長を実感できるよう工夫すること」を加え、話し合いの質を高めることが求められている。「内容」にも、「小学校第3学年及び第4学年」において新たに、1の(5)「自分の特徴に気付き、よい所を伸ばす」が加えられ、自尊感情をはぐくむ内容が充実している。

　ただ、こうした改善は部分的であり、各教科の改訂にいわゆるPISA型学力が大きな影響を与えたのに比べ、大きな変化は感じにくい。だがこれまで見てきたように、PISA型学力は道徳教育が正面から受け止めるべき問題提起なのだ。グローバル時代に生きる力は道徳教育こそが担う。そんな積極的な発信力が道徳教育にこそ求められている。

　では、この課題に向き合うとき、道徳の授業は何が変わるのか。何を変えな

ければならないのか。世界の教育改革が求める資質や能力を今一度確認しながら考えてみよう。

(1) 「わかる」から「できる」へ

　PISA型学力は実生活・現実社会で知識や技能を使う力を想定しており、その学力観は、「何を知っているか」から「何ができるか」への転換であると評される。いわば、学校教育に「実践力」の育成を求めているといえよう。ひるがえって道徳の授業では、従前よりその目標に「道徳的実践力」の育成を掲げてきた。学んだことを自分で組み合わせて実際の場面で使えるようにする。それが実践力なら、両者の目指すものは同じである。

　しかし実際に道徳の授業を見ていると、学習したことを性急に「実践」に活用させる指導への警戒感が感じられることがある。資料について考える際に自分の体験や生活と結びつけて考えさせたり、自己を振り返る場面で学んだことを将来に活かそうとする発言を引き出すような指導では、押しつけになってしまい価値についてじっくり考えることができない、そうみなされているようだ。単純な処方箋や直接に行為変容を迫る授業にしないからこそ、深く問題を掘り下げて考えられると感じる教師もいる。

　その一方で、教師の間には、「道徳の時間で学習しても実際の生活に活かせていない」と悩む声も聞かれ、それが授業の効果への疑問や教師の意欲喪失にもつながっている。「実践力」と「実践」の区別は当然として、「実践」について考えさせない授業で「実践力」を育てられるだろうか。価値を共感的に理解し、何が正しいかを判断した上で、どうすれば実践できるかを考え、「できる」ことを目指す授業づくりが必要だろう。

(2) 「価値」と「力」を結びつけて育てる

　世界の教育改革で「力」が強調される理由の一つは、学校で学んだ知識が変化の激しい社会では通用しなくなる可能性があるという認識である。そのためグローバル時代の学校教育は、知識の拡大や変化に対応できる能力を育てることで、自ら知識を更新して生涯学び続ける学習者を育てるよう期待されている。

　それに対し、「道徳」で学ぶ内容項目、すなわちさまざまな価値は、その多くが時代や社会が変わっても大切にしたいものと受け止められている。確かに思いやりや友情、正義、生命尊重という価値が古くなって通用しなくなるとは

考えにくい。変化の激しい時代だからこそ、変わらないものを大事にしたい、そう願う教師もいるだろう。

しかし、価値自体は普遍的であっても、それをどう理解し、社会のなかでどのように発揮していくかは、時代や社会のなかで変わりうる。例えば、「思いやり」の大切さは皆が承認するだろうが、「どうすることが思いやりか」にはさまざまな見方がありうる。思いやりが大切であることを理解しても、この社会でどう「使うか」を身に付けなければ、それを発揮することができない。価値を活かす、という視点で実践力を見る時、自尊・自己管理、コミュニケーション、協働など、21世紀型能力で提起されている能力が、実は「思いやり」を具体的に発揮するために必要な能力であることに気付くだろう。これからの授業では、「価値」とそれを発揮できる「力」の育成を考えていかねばならない。

(3) 答えが一つでない問いの探求へ

グローバル時代は、多様な他者とかかわる力を必要としている。他者との出会いが自分を成長させるという理由だけではない。この社会で私たちが出会う問題の多くは、答えが一つではない。私たちはその問題に「よりよい解」を求めてさまざまな価値観の人々とともに探求していかなければならないからだ。

この力を育てようとするなら、授業は変わらなければならない。従来型の、一つの内容項目の価値を理解させるための授業では、多様な意見がぶつかり合いながら協同で問題を探求する授業を設計しにくい。求められるのは、さまざまな意見が単に並列的に引き出される授業ではない。異なる意見や見方に出会って自分の考えを深め、互いの理解を深め合い、共によりよい考えを創っていこうとする協同探求的で創造的なプロセスである。

このような授業づくりの鍵となるのは、教室で子どもたちとともに問いを探求しようとする教師の姿勢であろう。子どもから「答え」を引き出すのではなく、「問い」を引き出す授業へ。子どもたち自身が見いだした問いをともに探求する授業へ。一歩を踏み出そう。

〈引用文献〉
- 文部科学省（2008）『学士課程教育の構築に向けて』（中央教育審議会答申）
- 国立教育政策研究所編（2002）『生きるための知識と技能　OECD生徒の学習到達度調査（PISA）調査国際結果報告書』明石書店

4 「教科化」に賛成派と反対派の主な主張

柳沼　良太

1．道徳の「教科化」をめぐる諸論争

　道徳の「教科化」については、賛成派と反対派の主張がはっきり分かれる傾向にある。原則として教育には政治やイデオロギーを持ち込むべきではないが、とりわけ道徳教育に関しては、政治的な右派と左派の対立、思想的な保守派と進歩派（革新派）の対立、そして現場的には旧・文部省と日本教職員組合等の対立が色濃く反映されてきた。こうした二項対立の図式で行われる議論は、「道徳の時間」を特設した1958（昭和33）年当時から連綿と続いており、なかなかかみあわない議論が繰り返されてきた感がある。

　ただし、同じテーマでも道徳の特設から半世紀以上経つ今日では、論点によってかなり複雑な様相を呈してきた。というのは、賛成派、反対派ともに、実はさまざまな立場や考え方が混在しており、思想的にも変遷してきたからである。そこで、本稿では、道徳の「教科化」に関する論争の諸テーマを分析し、賛成派と反対派の主な主張を整理しておくことにしたい。

2．道徳教育への賛否

　まず、道徳教育それ自体への賛否を確認しておこう。

　道徳教育への賛成派は、子どもたちの問題行動を嘆き、規範意識を高め、公共の精神を育成しようと考える。特に、いじめ自殺事件や凶悪な少年犯罪が起こると、それらに対応するために自他の生命を尊重することや豊かな人間関係を築くことが強調されてきた。こうした道徳教育は、「徳育」や「心の教育」として言い換えられて、その充実や強化が図られている。また、保守的な立場から、「文化の創造」だけでなく「伝統と文化を尊重」することも重視され、特に「我が国と郷土を愛する」ことが強調されている。こうした賛成派の見解

には、国の将来を担う子どもの成長・発達に配慮しようとする側面だけでなく、国や社会の秩序を保持しようとする側面もある。

　それに対して、反対派は、道徳教育が（戦前の修身教育と同様に）国民を支配者に従属させるための道具であると批判する。こうした国家主義や全体主義に傾倒しがちな道徳教育に対抗して、異質な他者とも共生できる平和教育や人権教育、あるいは民主主義教育を推奨しようとする。また、国家の都合で国民に従属性を求めるような道徳教育に対抗して、国民の主体性や自主性を育成する教育を追求するのである。近年では、個人主義や自由主義（リベラリズム）の見地から、国家による価値観の押しつけを嫌って道徳教育に反対する人々も少なくない。また、保守派のなかには、なまやさしい道徳教育に反対して、厳正な生徒指導（ゼロ・トレランス）を徹底するよう提唱する者もいる。さらに、偏狭な愛国心を強制されることに反対して、グローバルな見地から社会変革に向けたシティズンシップ教育を行うよう提唱する人々もいる。

3．道徳授業への賛否

　次に、道徳授業への賛否を見ていこう。

　道徳授業への賛成は、道徳教育全体を補充・深化・統合するための道徳授業が不可欠であると主張する。現在の「道徳の時間」は「領域」にすぎないため、「教科」に格上げすることで充実・強化を図ろうとする。教科化に賛成する側は、教育課程において道徳を教科にすれば、時間割に道徳が組み込まれ、授業の実施率が上がると考える。そこで今の子どもに規範意識や公共の精神や愛国心をしっかり教えよと主張する。

　それに対して、反対派は、そもそも道徳授業の教科化が、戦前の修身科の復活であり、戦争回帰につながると批判する。また、規範意識を子どもに教えることは、既成の秩序に服従させることになるとみなす。近年では、学校の教育活動全体を通じて行う道徳教育には賛同した上で、道徳の時間をわざわざ特設する必要はないという主張も目立つ。より軟化して、道徳の時間を特設するだけなら容認（黙認）するが、教科化には強制力が伴うため、断固反対するという主張もある。

　こうした左派の反対論以外に、道徳教育の充実を目指す右派のなかでも、

「教科化」に反対する向きがある。それは現在、道徳授業が道徳教育の要であり、各教科より上位にあると考えられるのに、「教科化」されれば他の教科と横並びになり、「格下げ」になってしまうと考えるからである。

道徳授業の指導法についても賛否が分かれる。

一般に賛成派は、読み物資料を使って登場人物の心情を考えるような指導法であれば、修身科のように徳目を教え込むわけではないから、より望ましいとみなす。また、この指導法であれば、生活指導や学級活動に流れることもなく、道徳教育の本質（道徳的価値の自覚を深めること）をとらえ、計画的かつ系統的に道徳的価値を教えることができると考える。

それに対して、反対派は、そもそも登場人物の心情を理解させて道徳的心情を植えつけるのも、（修身と同様に）徳目の押しつけにすぎないと批判する。こうした道徳授業を廃止して、生活指導（生徒指導）や特別活動（学級活動）で道徳を指導すればよいという主張が根強くある。また、終戦直後から1957（昭和32）年までのように、アメリカの教育課程にならって社会科のなかで社会認識能力を育成すればよいという主張もある。

道徳の「教科化」に賛成派のなかにも、指導方法の改革を目指す動向がある。例えば、総合単元的な道徳学習としたり、問題解決的な学習や体験的な学習を活用したり、海外の人格教育やシティズンシップ教育を導入したり、モラルジレンマ、構成的グループエンカウンター、スキル学習、法教育、キャリア教育を活用したりする授業実践も増えている。

4．道徳教科書の是非

道徳の教科書をどうするかという議論も賛否が分かれる。

賛成派の中でも、国定教科書を支持する側と検定教科書を支持する側で分かれる。国定教科書を支持する側は、国が道徳教育の内容に責任をもち、日本人として習得すべき道徳的価値をしっかり教えるべきだと考える。すでに文部科学省が作成してきた『心のノート』は、学習指導要領に示された道徳の内容項目と対応しているため、読み物資料を大幅に増やして再編集することで一種の国定教科書とし、道徳授業に活用することが検討されている。

一方、検定教科書を支持する側は、既に民間会社から多数の副読本が刊行さ

れているため、各教科と同様に、教科書検定制度のもとで教科書を作成すべきだと考える。こうした従来の副読本は、教育関連法規や学習指導要領にのっとっている点で内容面では問題ない。ただし、採択は教育委員会等が行うため、教える価値内容や指導方法が異なる点に配慮が必要になる。検定教科書を作成する場合、『心のノート』は道徳授業のみならず学校教育全体で活用する教材として位置づけられる。

　それに対して、反対派は、道徳の国定教科書が修身の国定教科書と同様に、「官製道徳」の押しつけになると批判する。また、検定教科書も教科書の採択に当たっては、教育委員会等の意向が働くため、思想・信条的に偏った内容が教え込まれる危険性があると指摘する。さらに、『心のノート』でさえ国が子どもの思想や信条を拘束するための手段とみなして廃止を求めている。こうした道徳教科書や『心のノート』を作成・配布する巨額な予算を教員の職場待遇改善に配分すべきであるという主張もある。

5．道徳の評価の是非

　最後に、子どもの道徳性をどう評価するかが問題になる。

　賛成派は、子どもの道徳性を適切に理解するとともに、道徳指導の改善に役立てるために、道徳でも評価は必要であると主張する。一般に道徳の評価は難しいとされるが、どの教科でも（特に芸術系の教科では）評価は難しくても、創意工夫を重ねて実施している。我が国でも小・中学校の指導要録には「行動の記録」として子どもの道徳的側面を評価してきた実績がある。諸外国でも道徳の評価を行っている例は少なくない。そのため、道徳の評価も原理的には可能であると考える。ただし、子どもの道徳性について「数値による評価」を行うかについては、見解が分かれる。各教科と同様に、道徳でも教師が数値によって客観的に評価すべきであると考える立場もいれば、記号（丸印）や所見のようなかたちで評価すべきであると考える立場もある。そのほかに、子ども自身が過去を振り返って自己評価するタイプ、友達や保護者などから他者評価を受けるタイプ、学習の意欲・関心・態度などを観点別に評価するタイプなど多様な提案がなされている。

　それに対して、反対派は、「心の問題を成績評価するのは難しい」「指導要録

や内申書で心を縛るべきではない」と主張する。規範意識や愛国心などを評価されることによって、国家への従属を強制されることを警戒している向きもある。道徳の評価をすることは、人類普遍の権利とされる思想・信条・良心の自由を侵すことにつながると見るのである。道徳の「教科化」に賛成する側でも、子どもの道徳性を数値によって評価することだけには反対する場合が少なくない。それゆえ、こうした反対派の見解に配慮して、2007（平成19）年に教育再生会議で提案されたように、あえて「数値による評価」はつけない「特別教科」にする妥協案も出されてきた。

6．建設的な議論を重ねるために

　道徳の「教科化」にかかわる賛否両論の二項対立を克服するためには、どのテーマが具体的にどのような問題をはらみ、どこまで歩み寄れて、どこから決裂するのかを十分に見きわめる必要がある。実際は二項対立ではなく、それぞれの立場や見解に基づいた幅広いグラデーションがあるからである。

　今日では、世の趨勢も勘案して、「道徳教育を充実させること」までは総論レベルで合意が形成されているように思われる。今後は、道徳授業のあり方にかかわって、道徳の「教科化」における各論レベル（道徳の目標、指導方法、評価、教科書、教員免許、教員養成など）の細かい議論を具体的かつ建設的に検討すべきであろう。こうした諸点については、本書の第二章で詳しく検討されることになる。

〈参考文献〉
- 間瀬正次（1982）『戦後日本道徳教育実践史』明治図書
- 貝塚茂樹（2008）『戦後教育は変われるか―「思考停止」からの脱却をめざして―』学術出版会
- 貝塚茂樹（2012）『道徳教育の取扱説明書―教科化の必要性を考える―』学術出版会
- 柳沼良太（2013）「『賛成派』と『反対派』の主な主張の整理」『月刊 教職研修』2013年8月号　教育開発研究所
- 柳沼良太（2012）『「生きる力」を育む道徳教育―デューイ教育思想の継承と発展―』慶應義塾大学出版会

5　なぜ道徳の「教科化」が必要なのか

貝塚　茂樹

1．道徳教育の目標を達成するための「教科化」

　教育課程審議会は、1963（昭和38）年7月11日に「学校における道徳教育の充実方策について」を答申し、当時の道徳教育の現状と問題点を次のように指摘した。

> 　教師のうちには、一般社会における倫理的秩序の動揺に関連して価値観の相違がみられ、また道徳教育についての指導理念を明確に把握していない者が見られる。そこで、いわゆる生活指導のみをもって足れりとするなどの道徳教育の本質を理解していない意見もあり、道徳の指導について熱意に乏しく自信と勇気を欠いている者も認められる。また、一部ではあるが、道徳の時間を設けていない学校すら残存している。このような状態は、道徳教育の充実に大きな障害となっている。

　この答申から50年を経た今日、この指摘は「遠い歴史の一齣」と片づけられるだろうか。残念ながら私にはそうは思えない。指摘の内容は、現在の「道徳の時間」の現状に当てはめてもほとんど違和感はないと思えるからである。
　確かに、50年前に比べて「道徳の時間」の実施率は統計上は高くなっている。2012（平成24）年度の「道徳教育推進状況調査」では、年間の平均授業時数は、小学校で35.7時間、中学校で35.1時間となっており、小・中学校全体の平均では35.5時間である。この数字は、学校教育法施行規則で定めた年間授業時数である35時間（小学校第1学年は34時間）を超えている。しかし、この数字自体の信憑性への疑問、さらには道徳授業自体の消極的な姿勢と形骸化を問題視する声は依然として少なくない。たとえ、この数字が実態を反映しているとしても、その授業の中身には少なからず問題がある。例えば、大学生を対象にした調査

でも、「記憶にない」「ためになったとは思えない」という回答が少なくないからである。小・中学校を通じて9年間の授業を受けながら、道徳授業の「記憶がない」という回答があるのはやはり深刻であると言わざるを得ない。

　改めていうまでもなく、学習指導要領は、「学校における道徳教育は、道徳の時間を要として学校の教育活動全体を通じて行うもの」(総則)と規定している。また、「道徳の時間」は、各教科、総合的な学習の時間、特別活動等で行われる道徳教育を「補充・深化・統合」(第3章)するものと位置づけられている。ところが、「道徳教育の要」である「道徳の時間」が形骸化していれば、学校での道徳教育が機能しないのは当然である。同時にそれは、現在の「道徳の時間」が「補充・深化・統合」の役割を果たしていないことを意味している。つまり、現在の「道徳の時間」は、学習指導要領の規定する道徳教育の目標を達成しておらず、同時にそれは教育基本法が定めた教育の目的と目標にも十分に応えていないのである。

　なぜ道徳の「教科化」が必要なのか。この問いに対する端的な答えは、教育基本法と学習指導要領に定めた道徳教育の目的と目標を達成するため、ということになる。「道徳教育の要」「補充・深化・統合」という機能を実体化し、それを強化するために「教科化」が必要となるのである。

　では、それは道徳を「教科化」しなければできないのか。できない、というのが私の答えである。それは、現在の「道徳の時間」が50年以上も形骸化を続けていることからも明らかであるし、以下に述べるように、道徳の「教科化」は、道徳教育のあり方にかかわる歴史的かつ構造的な課題であるからである。

2. 道徳の「教科化」は歴史的な課題である

　道徳の「教科化」は、教育再生実行会議の提言によって初めて政策課題となったわけではない。歴史を紐解けば、1950 (昭和25) 年の天野貞祐文部大臣による「修身科」復活発言を端緒として、この問題はたびたび提起されてきた。近年でも教育改革国民会議や教育再生会議が道徳の「教科化」を提言したことは記憶に新しい。道徳の「教科化」は、いわば60年越しの「旧くて新しい」歴史的な課題である。

　ところが、道徳の「教科化」はこれまで実現しなかった。その大きな要因は、

戦後教育において、道徳教育が一貫して政治的イデオロギーの争点とされてきたことにある。特に、1950年代後半からの「文部省対日教組」といわれる対立図式が鮮明となるなかで、道徳教育は激しい政治的な対立のメルクマールとされた。ここでは、道徳教育は賛成か、反対かの政治的な「二項対立図式」の中に解消されてしまい、戦後の道徳教育はどうあるべきかという本質的な議論がなされることは稀であった。道徳教育は、教育論としてではなく、いわば政治論の文脈において論じられることが一般的であったのである。

　なかでも深刻だったのは、こうした政治的対立において、戦前までの修身科の功罪が学問的に検証されることはほとんどなかったことである。この点は、道徳の「教科化」を「修身科の復活」と批判する人々の多くが、実は修身教科書を読んだことがないということに象徴されている。もっともこのことは、道徳の「教科化」に賛成する人の多くが、修身科を過去の「遺産」であると高く評価する一方で、一体何が修身科の「遺産」なのかを明確に説明できないことと表裏をなしている。ましてや、道徳の「教科化」が実現しさえすれば、いじめなどの教育問題が短時間で一気に解決するかのような主張は、「感情的」な修身科批判と大差はない。

　修身科の功罪が学問的に検証されず、修身科が「感情的」に否定されたことは、修身科に対する誤った理解を一般化している。例えば、私たちは、教育勅語と修身科が戦前までの道徳教育の理念と内容を強く規定し、絶対的な役割を果たしていたと思いがちである。ところが、こうしたイメージとは裏腹に、教育勅語と修身科に対する評価は、決して「安定」したものではなかった。教育勅語については、政府の公式的な解説（解釈）書が出されているが、実は昭和10年代までの間に200種以上に及ぶ解説（解釈）書が出版されており、そのなかには教育勅語の追加・改訂論ばかりでなく廃止論も含まれていた事実はほとんど知られていない。

　同じように、修身科に対して授業の「形骸化」と「停滞」は常に指摘され、修身科の充実と振興は近代教育を通じての課題であり続けていた。例えば、堀ノ内恒夫（広島高等師範学校訓導）は、修身教育が簡単であるという教育者は、「二十幾万の教育者中一人としておるまい」とした上で、「修身教育困難の声は殆んど堪え間もなく聞く所である。困難所かそれは更に極論されて修身教育の

効果にさえ疑問を挿む者すら少なくない。実際修身教育の効果をあげるということは難事中の難事である」（『現代修身教育の根本的省察』、1934年）と述べていた。

唐澤富太郎がいうように、そもそも歴史的な創造は、決して過去から切り離すことからは達成されない。真の歴史的な創造を実現するためには、過去を厳しく批判し、これを「否定的媒介」することが必要である。過去を媒介することなく過去を遮断して外からのものを移植しても、それは借り物にすぎず、真に自己の歴史のうちにおいて育つものではありえない。たとえ、いかに誤った過去をもち、悲しい歴史を担うにせよ、それらの過去を「否定的媒介」し、積極的に将来を建設する姿勢をもつことでしか真の創造は達成されないというべきである（『日本教育史』1953年）。

しかし、戦後教育は修身科を「感情的」に全否定してしまい、いわば「タブー視」してしまったために、修身科を「否定的媒介」して戦後に継承することに明らかに失敗した。戦後教育のなかで道徳教育ほど戦前と戦後がみごとに「断絶」している分野は教育のなかでは他には認められない。何よりここでは、戦前の修身科の功罪を学問的に検証し、これを戦後の道徳教育に継承するという弁証法的な手続きが実視されていないのである。そのため、戦後の道徳教育は、議論の土台と「モデル」を失ったまま「空回り」を続けているというのが実態に近い。議論の土台がないところに生産的な議論が展開されるはずはないからである。

3．道徳の「教科化」は構造的な問題でもある

戦前までの修身科に対する「感情的」な批判論は、必然的に道徳教育に対する理論研究の決定的な「貧困」をもたらした。また、道徳が「教科」として位置づけられなかったことは、道徳教育についての学問研究の決定的な「停滞」を余儀なくしていった。

そもそも、教育学は「教科」であることによって学問体系が形成される側面がある。教育課程のなかに「教科」として位置づけられることで、その目的、内容、評価と指導方法等が整えられる必要があったからである。一般に大学をはじめとした研究組織では「教科」ごとに研究領域が設置され、教員や研究者が配置される。これによって専門の研究が深められ、大学では教員養成も行われる。

ところが、戦後において道徳教育は「教科」でないために、大学では一般に、道徳教育を対象とした学問領域が講座や専攻として設けられることはなかった。そのため、道徳教育を専門とする研究者は実質的に養成されず、教職科目である「道徳の指導法」もそのほとんどが道徳教育を専門としない大学教員によって担当されているというのが実態である。

　その上、道徳が「教科」でないために、教職科目である「道徳の指導法」は、2単位を修得すれば教員免許法の単位が充足される。15回（1回は90分）程度の講義のなかで、道徳教育の目的、内容、方法についてのカリキュラムを消化することは実際には困難であり、道徳教育に関する大学での教員養成はきわめて不十分なものとならざるを得ない。しかも、「道徳の指導法」を必ずしも道徳教育を専門としていない教員が担当しているとすれば、それによってもたらされる結果はさらに悲観的で深刻なものとなる。

　単純に考えても、こうした教員養成の状況のなかで、道徳の授業を担当できる教員の資質を養成できるはずなく、結果として、教育現場における道徳授業の「形骸化」が必然となるのは火を見るより明らかである。最初に述べた道徳授業についての調査で、大学生が「記憶にない」「ためになったとは思えない」と答えたことの意味はこの点においても整合的に符合する。

　つまり、道徳教育が「教科」でないことは、道徳教育の深刻な理論研究の「貧困」をもたらし、それが大学での教員養成、教育実践（授業方法）に深刻な「負のスパイラル」を生み出し、道徳教育全体が「機能不全」と「動脈硬化」に陥っているのである。

4．道徳の「教科化」は道徳教育を理論化し、体系化する

　以上のようにいうと、道徳教育の理論の中心には学習指導要領があるではないか、という批判が返ってきそうである。確かに、学習指導要領が戦後の道徳教育の基準となっていることは明らかである。教員研修においても、学習指導要領の解説がプログラムの核となっていることも否定できない。

　しかし、実はこうした状況こそが道徳教育の理論研究の「貧困」を象徴しているといえる。つまり、本来であれば、「学習指導要領に書いてあるから」が全ての出発点ではなく、学習指導要領それ自体が理論研究の対象としてよりよ

いものに精緻化されていくことが必要だからである。道徳教育の議論においては、戦前の修身科を「タブー視」すべきでないことはこれまで述べたとおりである。しかし同時に、学習指導要領の検討も「絶対化」すべきではない。これは何も道徳教育に限らず、ある事象への「タブー視」と「絶対化」のなかに学問的な理論研究の入り込む隙間がないからである。

さて、教科化される「道徳」が、今後も「道徳教育の要」とされるならば、それを支える理論研究の役割は特に重大である。しかも、道徳教育の理論研究が長らく「停滞」している間に、情報化や国際化の進展、さらには格差の拡大といった子どもたちを取り巻く環境は劇的に変化していることも無視できない。

こうした状況を視野に入れながら、「道徳教育の要」としての役割と責務を果たすためには、その内容にも大きな変化が求められるのは当然である。従来の哲学、倫理学、教育学、心理学に加え、宗教学、社会学、法律学、生命倫理、環境倫理、公共哲学、情報学、脳科学などの分野を包含した総合科学的な道徳教育理論の「創造」が、今後の方向性として積極的に検討されるべきである。現実の諸課題に対応する「現実対応型」道徳教育と同時に、将来の変化に主体的に対応できる「未来対応型」の道徳教育という観点から、新しい道徳教育理論が「創造」される必要がある。

そもそも、歴史的な観点からいえば、戦後60年以上の時間のなかで解体されてきた道徳教育の理論が、わずかな時間で再生できるはずはない。むしろ10年後、20年後を見すえた大局的な視点から、道徳教育の礎を新たに「創造」するという長期的な制度設計が議論の中核にすえられる必要がある。今なお散見されるイデオロギー一辺倒の「感情的」な反対論に足をすくわれることなく、教員養成や教育実践（方法）をも視野に収めた上での道徳教育全体を鳥瞰した生産的で着実な論議の蓄積が求められる。道徳の「教科化」は、こうした議論を活性化するための有効な「起爆剤」であり「発火点」となるのである。

〈参考文献〉
- 貝塚茂樹（2003）『戦後教育のなかの道徳・宗教〈増補版〉』文化書房博文社
- 貝塚茂樹（2008）『戦後教育は変われるのか ―「思考停止」からの脱却を求めて―』学術出版会
- 貝塚茂樹（2012）『道徳教育の取扱説明書―教科化の必要性を考える』学術出版会

==松本美奈の=言々句々==

「教科化」を世間はどう見ているか

　道徳の教科化論議が2013年4月、文部科学省の有識者会議「道徳教育の充実に関する懇談会」で始まった。政府の教育再生実行会議がいじめ対策の一つとして提言したのを受けての動きだ。懇談会では手始めに同省作成の『心のノート』の全面改定が検討されているが、今後、教科書や成績評価、教員免許のあり方についても話し合われる。

　霞が関や永田町でかまびすしくなってきた議論の一方で、親たちからはこんな声を聞いた。「道徳は教科じゃなかったの？」

　多くの人々にとっては、今さら教科化が取りざたされていること自体が意外な出来事のようだ。何しろ、今の大人世代が子どもの頃から「道徳の時間」はあったのだから。教科書もなく成績もつけられなかったが、「NHK教育テレビの番組を見ていた」「先生の説教ばかり聞かされていた」──それなりに授業の記憶を語る人は少なくない。

期待と不安と無関心

　そんなおぼろげな記憶に頼るせいか、教科化をめぐる世間の動きは、どこか焦点がずれているような気がする。

　読売新聞社が2013年3月、全国の有権者1,472人（回収率49％）を対象に面接調査で「道徳教科化の是非」を尋ねたところ、賛成が84％と圧倒的多数だった。「他人を思いやる心が育つ」（52％）、「社会規範が身につく」（35％）、「いじめ防止につながる」（9％）などと、理由には、子どもの情操面に好影響を与えるだろうという期待感がにじんでいた。

　ところが、教育書専門の出版社・明治図書が同時期にやはり教科化の賛否を尋ねたインターネット上のアンケートでは、正反対の結果が出た。賛成は22％にすぎず、反対は77％にも。なぜか？　明治図書の担当者は「回答者のほとん

どは教員だから」と見る。つまり、教育現場は、道徳の教科化に不安を感じているということになる。

　同社のホームページに寄せられていたコメントを見ると、「人間の価値観を一定方向に誘導することが教育といえるのか」「いじめの解決に道徳が有効とは思えない」「評価や指導はすべきではない」「教科にして一律に教え込んでいくようなことになると、自分で考え、感じて行動する力が育成されない」と、さまざまな意見が並ぶ。

　一方で、無関心層も相当、存在するように見える。その顕著な例が、高等教育の関係者ではないか。文部科学省の有識者会議の傍聴席に、大学改革を担当する同省の高等教育局員や教員養成課程をもつ大学の教学責任者らの姿は見当たらなかった。道徳の教科化は、確かに小中学校での問題ではある。だが、そこで授業をするのは教員、大学がその養成を社会から付託されている人材だ。論議を聞き、それをいかに養成課程に反映させるかを考えることは、大学関係者にとって重要ではないのだろうか。

　期待と不安、そして無関心。根底にあるのは、道徳の本質に理解を深めないまま今日に至った、その不幸な歴史だと思える。

目指すのは、どんな社会か

　「道徳の時間」導入が決まったのは、1958年3月の教育課程審議会。「修身」が、連合国軍総司令部（GHQ）によって日本歴史や地理とともに「停止」された13年後のことである。歴史や地理はまもなく復活したが、修身は除外されたままだった。

　そのため、道徳の登場には、「軍国主義化の象徴」とされた修身の化身と見立てて不安視する人たちが多かった。審議会答申の半年後に小中学校で授業が始まり、文部省が道徳教育の講習会を開くと、日教組をはじめとする労働組合や全学連が猛反発し、反対集会に警官隊が突入する騒動が続発した。

　現在、「道徳の時間」は各教科や特別活動などと並ぶ「領域」に位置づけら

れ、毎週1回の授業が義務づけられており、文部科学省の調査によると、全国平均の年間授業回数は35回を数える。にもかかわらず、いったん教科化となると現場に否定的な声が渦巻くのは、そうした過去を振り返れば、理解できないでもない。

　最大の問題は、道徳を教科化して子どもたちに学ばせることで、どういう社会を目指すのかという本格論議が深まらず、漠然とした期待や不安、無関心がクロスすることもなく広がっている点だと考える。これまでの取材経験から、道徳の授業は、教室と学校、学校と家庭、地域の協力関係がなければ、とうてい実を上げられない。教科化の是非を声高に語り合うより、まずは「道徳」とは何かの議論から始めたい。

二

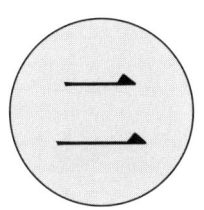

「教科化」の制度設計を考える

1　道徳の目標について考える

柳沼　良太

1．道徳教育の目標を考える

　道徳教育のあり方を考える場合、まずその目標が重要になる。そこでまず、現行の教育基本法や学習指導要領において道徳教育や道徳授業の目標がどのように規定されているかを確認し、どこに課題があるのかについて考えたい。

　新しい教育基本法の第1条で、「教育の目的」とは、「人格の完成」であることが示され、第2条第1項では、「教育の目標」として、「幅広い知識と教養を身に付け、真理を求める態度を養い、豊かな情操と道徳心を培うとともに、健やかな身体を養うこと」と規定している。つまり、教の目標は、人格の認知的側面、情緒的側面、行動的側面を総合的に育成することであると認識されているのである。

　道徳教育の目標は、上述した教育基本法における教育の目標や学校教育法の一部改正で新たに規定された義務教育の目標に基づいて、学習指導要領とその解説書に具体的に記されている。学習指導要領における道徳教育の目標は、小・中学校の学習指導要領の「第1章 総則」の「第1　教育課程編成の一般方針」の2において次のように示されている。

> 道徳教育は、教育基本法及び学校教育法に定められた教育の根本精神に基づき、人間尊重の精神と生命に対する畏敬の念を家庭、学校、その他社会における具体的な生活の中に生かし、豊かな心をもち、伝統と文化を尊重し、それらをはぐくんできた我が国と郷土を愛し、個性豊かな文化の創造を図るとともに、公共の精神を尊び、民主的な社会及び国家の発展に努め、他国を尊重し、国際社会の平和と発展や環境の保全に貢献し未来を拓く主体性のある日本人を育成するため、その基盤としての道徳性を養うことを目標とする。
>
> （傍点は筆者）

　この目標では、「豊かな心」をもつという大きな目標が、他の多様な指導内

容と同列に並べられている。また、前半の多種多様な価値内容を身に付けることが、なぜ「未来を拓く主体性のある日本人」に関連するかは明らかでないまま、一つの長文で結びつけられている。こうした理念としての日本人像（期待される人間像）は、時代の要請として組み込まれた価値内容であるため、暫定的に認められる。

ここで注目したいのは、道徳教育の目標を端的に示す、文末の「道徳性を養うこと」である。この「道徳性」について、小・中学校の『学習指導要領解説 道徳編』の「第1章 総説」の2-(1)では次のように規定している。

> 道徳性とは、①人間としての本来的な在り方やよりよい生き方を目指してなされる道徳的行為を可能にする人格的特性であり、人格の基盤をなすものである。それはまた、②人間らしいよさであり、道徳的諸価値が一人一人の内面において統合されたものといえる。
> （丸数字は筆者）

ここでは道徳性の定義を二つ併記している。前半の①では、道徳性を「道徳的行為を可能にする人格的特性」としてとらえるため、実践的な考え方になっている。それに対して後半の②では、道徳性を「人間らしいよさ」それ自体とみなし、道徳的諸価値が束になって統合されたものととらえるため、やや観念的で徳目主義的な考え方になっている。この二つの定義は、必ずしも合致するものではないが、あえて両論を併記するかたちで提示されている。

この二つの定義のなかで、①の方は、「育てようとする資質や能力及び態度」として道徳的実践力を想定した内容であるため、以下に示す「第3章 道徳」の「第1 目標」の前段にある「道徳教育の目標」とも関連している。

> 道徳教育の目標は、第1章総則の第1の2に示すところにより、学校の教育活動全体を通じて、道徳的な心情、判断力、実践意欲と態度などの道徳性を養うこととする。

ここで道徳性が「道徳的な心情、判断力、実践意欲と態度など」を構成要素とすることが示される。この文章の末尾にある「など」の中には、「道徳的行為」や「道徳的習慣」が含まれていると想定される。なぜなら、解説書の2章2節(7)では、「道徳性の育成においては、道徳的習慣をはじめ道徳的行為の指

1 道徳の目標について考える 43

導も重要である」と明記されているからである。それゆえ、道徳教育の目標である「道徳性を養う」ためには、さまざまな学習経験を通して道徳的問題を認識し解決する力を養い、「道徳的な心情、判断力、道徳的実践意欲と態度」を育成するだけでなく、道徳的な行動力や道徳的習慣という行動的側面をも育成し、頭（認知的側面）と心（情緒的側面）と体（行動的側面）をバランスよく育成するよう配慮する必要があるのである。

2．道徳授業の目標を考える

次に、道徳授業（道徳の時間）の目標について小学校の学習指導要領の第3章第1節から確認しておこう。

> 道徳の時間においては、以上の道徳教育の目標に基づき、各教科、外国語活動、総合的な学習の時間及び特別活動における道徳教育と密接な関連を図りながら、計画的、発展的な指導によってこれを補充、深化、統合し、①道徳的価値の自覚及び②自己の生き方についての考えを深め、③道徳的実践力を育成するものとする。（中学校では「自己の生き方」の代わりに「人間としての生き方」が入る。）
> 　　　　　　　　　　　　　　　　　　　　　　　　　　（丸数字は筆者）

ここで記された道徳授業の目標では、①「道徳的価値の自覚」を深めることや、②「自己の生き方」「人間としての生き方」について考えを深めることが、③「道徳的実践力を育成する」と結びつくことを前提としている。

道徳授業の目標は、一言でいえば、文末にある「道徳的実践力を育成する」ことになる。この「道徳的実践力」について『小学校学習指導要領解説　道徳編』の第2章第3節では次のように規定している（『中学校　学習指導要領解説　道徳編』もほぼ同じ内容）。

> 道徳的実践力とは、人間としてよりよく生きていく力であり、①一人一人の児童が道徳的価値の自覚及び自己の生き方についての考えを深め、②将来出会うであろうさまざまな場面、状況においても、道徳的価値を実現するための適切な行為を主体的に選択し、実践することができるような内面的資質を意味している。
> 　　　　　　　　　　　　　　　　　　　　　　　　　　（丸数字は筆者）

この「道徳的実践力」の定義では、①「道徳的価値の自覚」や「自己の生き方」「人間としての生き方」について考えを深めることが前提とされ、②「適切な行為を主体的に選択し、実践することができるような内面的資質」であると説明されている。ここでも、①の「道徳的価値の自覚」や「自己の生き方」「人間としての生き方」について考えを深めることが、②の「適切な行為を主体的に選択し、実践することができるような内面的資質」に結びつくことを前提としている。

　この道徳的実践力の定義を前節で示した道徳性の定義と比較してみよう。前節で提示した道徳性の定義①「道徳的行為を可能にする人格的特性」は、道徳的実践力の定義②「道徳的価値を実現するための適切な行為を主体的に選択し、実践することができるような内面的資質」に対応している。また、道徳性の定義②「道徳的諸価値が一人一人の内面において統合されたもの」は、道徳的実践力の定義①「一人一人の児童生徒が道徳的価値の自覚（及び自己の生き方についての考え）を深め」ることと対応している。道徳性の定義では、二つの定義を独立させ併記していたものが、道徳的実践力の定義では、二つの定義を一文で結びつけてしまっている。ここから、読み物資料で登場人物の気持ちを考え、「道徳的価値の自覚」が深まれば、道徳的実践力も育成されるという理屈も生じてくることになる。

　また、小・中学校の『学習指導要領解説 道徳編』の第２章第３節(4)によると、「道徳的実践力」は、「主として、道徳的心情、道徳的判断力、道徳的実践意欲と態度を包括するもの」と規定されている。つまり、道徳性の定義の末尾についていた「など」が、道徳的実践力の定義にはないため、道徳的実践力の育成は、道徳的な行動力や習慣という行動的側面を含まないものとなる。それゆえ、道徳授業のなかでは道徳的行動力や習慣形成を指導することができなくなり、体験的な学習やスキル学習を十分に活用できず、実効性が乏しくなるのである。

３．「生きる力」と道徳の目標

　道徳教育においても、各教科と同様に、「生きる力」の育成が目指されている。学習指導要領の総説にあるように、高度な情報化（知識基盤社会化）やグローバル化によって大きく変動する社会を生きるために、子どもたちは「基礎的

な知識・技能を習得し、それらを活用して、自ら考え、判断し、表現することにより、さまざまな問題に積極的に対応し、解決する力」（確かな学力）を身に付けることが求められる。それと同時に、「自らを律しつつ、他人とともに強調し、他人を思いやる心や感動する心などの豊かな人間性」、そして「たくましく生きるための健康や体力」を育成することが重要になる。こうした「確かな学力」と「豊かな人間性」と「健康や体力」を総合した「生きる力」を学校の教育活動全体でバランスよく育てることが目指されている。この「生きる力」の概念は、OECD（経済協力開発機構）のいうキー・コンピテンシーやPISA型の学力とも関連する点で重要である。

　しかし、道徳教育だけは、各教科等とは異なり、「生きる力」の概念を独特に規定している点に注目する必要がある。1999（平成11）年に告示された『小学校学習指導要領解説 道徳編』の「道徳教育改訂の趣旨」では、「生きる力」を「変化の激しい社会において、いかなる場面でも他人と協調しつつ自律的に社会生活を送れるようになるために必要な、人間としての実践的な力であり、豊かな人間性を重要な要素とする」と定義し直している。そして、この「豊かな人間性」の具体的内容として、先の解説書では以下のように説明されている。「美しいものや自然に感動する心などの柔らかな感性、正義感や公正さを重んじる心、生命を大切にし、人権を尊重する心などの基本的な倫理観、他人を思いやる心や社会貢献の精神、自立心、自己抑制力、責任感、他者との共生や異質なものへの寛容などの感性や心、道徳的価値」。こうした解釈は、2008（平成20）年に告示された学習指導要領とその解説書でも継承されている。

　つまり、道徳教育における「生きる力」の定義では、主要な構成要素である「問題を解決する能力」や「確かな学力」という認知的側面や「健康や体力」という行動的側面が全く省かれてしまい、単に「豊かな人間性」という情緒的側面だけが強調されるかたちで規定されているのである。今後、道徳を教科化するのであれば、「生きる力」の情緒的側面だけでなく、認知的側面や行動的側面をもバランスよく育成する必要がある。具体的には、①道徳に関する知識と技能を習得し活用する力、道徳的思考力、判断力という認知的側面、②道徳的心情や実践意欲・態度という情緒的側面、そして③道徳的行動力や習慣という行動的側面を総合的に育成し、道徳的な人格の完成を目指すべきであろう。

4．道徳の目標に対する提言

　今後、道徳を教科化するのであれば、まず、道徳の目標を効果的な指導方法や信頼できる評価と対応させて設定する必要がある。そもそも道徳教育の目標は、現代のような変化の激しい社会において子どもがよりよく生きる力をはぐくみ、未来を拓く主体性のある日本人を育成することである。そのためには、道徳教育や道徳授業の目標において道徳的心情や道徳的実践意欲・態度という情緒的側面だけを偏重するのではなく、道徳的知識や判断力のような認知的側面及び道徳的行動力や習慣のような行動的側面をも重視して、三つの側面を総合的にバランスよく育成すべきであろう。

　道徳授業の目標は、さまざまな道徳的問題を適切に認識し、道徳的価値を深く追求し、解決する能力をつけ、道徳的実践力を育成することにある。そのためには、道徳に関する基本知識や技能を習得し、子ども自身の多様な経験と考えを表現し交流しながら、自己肯定感を高め、他者への思いやりを深め、規範意識を高め、伝統や文化に対して理解を深められるように配慮する必要がある。また、従来から提唱されてきた「道徳的価値の自覚を深める」ことが、「道徳的実践力の育成」と具体的にどう関連するかも明らかにし、実証的に検証可能なかたちで目標を設定することが求められる。その際、道徳教育の目標となる「道徳性」や「生きる力」の概念、あるいは道徳授業の目標となる「道徳的実践力」の概念を再検討する必要がある。そして、目標に準拠した多様な指導方法、評価などをしっかり確立し活用することが求められるだろう。

〈参考文献〉
- 押谷慶昭（1989）『道徳の授業理論』教育開発研究所
- 宇佐美寛（2005）『「道徳」授業をどう変えるか―宇佐美寛・問題意識集13』明治図書
- 貝塚茂樹（2009）『道徳教育の教科書』学術出版会
- 柳沼良太（2012）『「生きる力」を育む道徳教育―デューイ教育思想の継承と発展―』慶應義塾大学出版会

2　道徳の指導方法を考える

柳沼　良太

1．指導方法の現状と課題

　我が国の道徳授業の指導方法は、画一的で形式的なため、「形骸化している」「実効性が高まらない」といわれてきた。それゆえ、教育再生実行会議では、「道徳の教材を抜本的に充実するとともに、道徳の特性を踏まえた新たな枠組みにより教科化し、指導内容を充実し、効果的な指導方法を明確化する」ことを提言している。それでは、「新たな枠組み」で道徳授業の指導方法をどのように改善すれば形骸化を克服し、実効性を高めることができるのだろうか。

　我が国で広く行われている道徳授業とは、読み物資料に登場する人物の心情を共感的に理解することで、道徳的価値の自覚を深め、道徳的な心情や態度を育成する指導方法である。この指導方法が全国的に徹底されて普及したことで、道徳授業に一つの確固とした型ができたわけだが、それと同時に画一化やマンネリ化も生じてきた。こうした指導方法では、道徳的な知識や技能を教えたり、道徳的な判断力を養ったり、道徳的行動や習慣形成につなげたりすることができないため、なかなか実効性が上がらないと指摘されてきた。

　文部科学省の方でも、従来の画一的で実効性に乏しい道徳授業を何とか改善しようとさまざまな改革を試みてきた。例えば、文部科学省は2002（平成14）年に『心に響き、共に未来を拓く道徳教育の展開』（小学校編と中学校編）を刊行し、指導上のポイントとして、①子ども一人ひとりの思いを大切にすること、②自らの体験を通して道徳的価値の自覚を深められるようにすること、③悩みや心の揺れを積極的に取り上げ、登場人物に自分の悩みを重ねて考えられるようにすること、④子どもの直接体験を道徳授業に生かすことなどを挙げている。ただ、こうした指導上のポイントや工夫は、あくまで従来の登場人物への共感を軸にした道徳授業を補足・修正するための手立てにとどまり、「新たな枠組

み」にはなっていない。

　1999（平成11）年に改訂された『小学校学習指導要領解説　道徳編』の第5章4節1-(1)では、「登場人物への共感性を中心とした展開にするだけでなく、児童の資料に対する感動を大事にする展開にしたり、問題解決的な思考を重視した展開にしたりするなど」の工夫を提案している。2008（平成20）年に改訂された現行の『学習指導要領解説　道徳編』の第5章第3節2では、「多様な学習指導」を可能にするために、「登場人物への共感を中心とした展開にするだけでなく、資料に対する感動を大事にする展開にしたり、迷いや葛藤を大切にした展開、知見や気付きを得ることを重視した展開、批判的な見方を含めた展開にしたりするなど」の工夫を求めている。こうした問題解決的な思考や多様な見方・考え方を活かした指導方法の工夫が提案されてきたにもかかわらず、学校現場の指導方法はなかなか改革されてこなかった。

　従来の形骸化した道徳授業を抜本的に改革する画期的な試みとして登場したのが、実は『心のノート』であった。この当時は、1997（平成9）年の神戸連続児童殺傷事件や1999（平成11）年の栃木女性教師刺殺事件などの凶悪な少年犯罪やいじめ自殺事件などが相次いだため、実効性のある「心の教育」をすることが急務になっていた。そこで、『心のノート』が2002（平成14）年に「道徳教育の充実に資する補助教材」として作成され、全国の小・中学校に無償配布された。この『心のノート』は、カウンセリングや心理学の理論や技法を活用し、道徳の基礎的・基本的な知識や技能を身に付ける学習をしたり、体験的な学習や問題解決的な学習をしたりできるように創意工夫されている点で効果的である。しかし、学校現場では、従来のように主人公への共感を軸とした道徳授業に執着する傾向が強かったため、授業の指導方法が根本的に異なる『心のノート』を道徳の時間で活用することに戸惑いや反発も多かったのである。

2．「各教科等の指導」と「道徳の指導」の比較検討

　道徳授業の指導方法は独特であり、各教科等の指導方法とかなり異なっている。それは道徳が「教科」ではなく、各教科等の指導に当たって配慮すべき事項から独立した「領域」だからである。そこで、「各教科等の指導」と「道徳の指導」を比較することで道徳授業の特殊性を明らかにしたい。

学習指導要領の「第1章 総則」の第4「指導計画の作成等に当たって配慮すべき事項」の2として、以下のような指導が推奨されている。

> (1)各教科等の指導に当たっては、児童の思考力、判断力、表現力等をはぐくむ観点から、基礎的・基本的な知識及び技能の活用を図る学習活動を重視するとともに、言語に対する関心や理解を深め、言語に関する能力の育成を図る上で必要な言語環境を整え、児童の言語活動を充実すること。
> (2)各教科等の指導に当たっては、体験的な学習や基礎的・基本的な知識及び技能を活用した問題解決的な学習を重視するとともに、児童の興味・関心を生かし、自主的、自発的な学習が促されるよう工夫すること。(傍点は筆者)

このように「各教科等の指導」では、画一的で形式化（形骸化）した指導にならないように、「基礎的・基本的な知識及び技能の活用を図る学習活動」「言語活動」「体験的な学習」「問題解決的な学習」を活用し、多様化や活性化を図っている。

それに対して、道徳授業の方はどうか。学習指導要領の「第1章 総則」の第4の2にある配慮事項に対応するものとして、学習指導要領の「第3章 道徳」にある第3「指導計画の作成と内容の取扱い」の3では、以下のような配慮事項が示されている。

> (2)集団宿泊活動やボランティア活動、自然体験活動などの体験活動を生かすなど、児童の発達の段階や特性等を考慮した創意工夫ある指導を行うこと。
> (4)自分の考えを基に、書いたり話し合ったりするなどの表現する機会を充実し、自分とは異なる考えに接する中で、自分の考えを深め、自らの成長を実感できるよう工夫すること。(傍点は筆者)

まず、「総則の(2)」に対応する「道徳の(2)」を見てみよう。そこでは、道徳授業で単に「体験活動を生かす」ことだけが明記されており、道徳授業の中に「体験的な学習」を取り入れようとはしていない。道徳授業で生かされる「集団宿泊活動やボランティア活動、自然体験活動などの体験活動」は、実際のところ特別活動で行われるため、道徳授業の指導方法を改善するものではない。『学習指導要領解説 道徳編』の第2章第3節(4)に「道徳的実践を繰り返すこと

によって、道徳的実践力も強められる」とあるように、道徳授業に「体験的な学習」を取り入れることで、道徳的実践力を効果的に育成できることを重視する必要がある。また、「総則の(2)」で重視されている「問題解決的な学習」については、「道徳の(2)」では何の記述もない。道徳的な問題状況を自ら考え判断し解決する学習こそが、実際の道徳的実践力の育成に繋がることを再認識することが求められる。

　次に、「総則の(1)」に対応する「道徳の(4)」を見てみよう。そこには、単に「書いたり話し合ったりするなどの表現する機会を充実」させるだけで、そこには各教科等のように「道徳的な思考力、判断力、表現力等」をはぐくもうとする方針や「基礎的・基本的な知識及び技能の活用を図る学習活動」は示されていない。それゆえ、道徳授業では認知的側面の育成が不十分になるのである。

3．指導方法の改善に向けた提言

　道徳授業では、各教科等のように多様で実効性のある指導方法が十分に活用されず、画一化し形式化した道徳授業を続ける傾向が強い。今後、道徳を「教科化」するのであれば、道徳授業でも特殊で画一的な指導方法だけにこだわらず、各教科等のように「基礎的・基本的な知識及び技能の活用を図る学習活動」、「問題解決的な学習」、「体験的な学習」、「言語活動」などを適切に取り入れて、充実した学習活動になるよう配慮すべきであろう。それぞれの学習活動について道徳と関連づけて検討してみよう。

　まずは、道徳を学習する上でも、「基礎的・基本的な知識や技能」をしっかり習得するとともに、その活用・応用ができるように配慮することである。そうすることで、さまざまな問題状況において適用すべき道徳的な原理や判断基準を習得し、将来出会うであろうさまざまな場面や状況においても、道徳の基礎的・基本的な知識や技能を活かして適切な行為を主体的に選択し、実践することができるようになる。これはあらゆる学習において当然のことであるが、これまで道徳授業では十分に取り入れられてこなかったことである。

　次に、道徳授業でも言語活動を重視して、「自己の生き方」や「人間としての生き方」について考えを深められるようにすることである。道徳ノートやワークシートを有効に利用することで、子どもが自らの考えや判断を言語で表現

する能力を高めることができるだろう。こうした道徳に関する言語活動は、「道徳的価値の自覚」を深めるとともに、子どもの日常生活でも活用・応用され、さらにキー・コンピテンシーやPISA型のテストに対応した読解力や表現力を伸ばすことにもなるだろう。

　第三に、道徳授業においても体験的な学習を取り入れることである。授業外の体験活動と連携させるだけでなく、道徳授業内に体験的な学習を有効活用することで、実践を通した道徳的実践力を育成することができる。例えば、従来から行われてきた「動作化」や「役割演技（ロールプレイ）」に加えて、各種のスキル学習や構成的グループエンカウンターなどを授業にも取り入れて、道徳における体験的な学習をすることによって、道徳的実践力をより効果的に育成することができるだろう。

　第四に、道徳授業においても問題解決的な学習を活用することである。子どもは実際に道徳的問題について自ら考え、仲間と意見を交流し、基礎的・基本的な知識や技能を活用しながら主体的に判断する力や現実的な道徳的実践力を養うことができる。これと関連して、時と場合に応じて適切な責任ある態度や行動がとれるように市民性をはぐくむシティズンシップ教育や、相互の人格や権利を尊重し合う法教育も重要になるだろう。

　最後に、いじめ問題等にも対応する道徳授業をするためには、子ども自身が当事者意識をもって被害者、加害者、傍観者、観衆、傍観者の立場からいじめ問題を解決する学習をしたり、怒りやストレスに対処するスキルを習得する学習をしたりすることも有効である。その場合、教師が事前に子どもの実態をよく観察し、各種のアセスメントで道徳性の発達状況を把握しておくことが大事になる。

　このように道徳授業の指導方法を多様化し、各教科等と同様に、認知的側面、情緒的側面、行動的側面において総合的に育成できるよう改善することが重要になる。こうした指導方法は、「生きる力」の構成要素となる「基礎的・基本的な知識及び技能」「思考力、判断力、表現力」を総合的に育成するため、次節で示す「目標に準拠した評価」にも対応するのである。

〈参考文献〉
- 日本道徳教育学会編（2008）『道徳教育入門―その授業を中心として―』教育開発研究所
- 現代道徳教育研究会編（1981）『道徳教育の授業理論』明治図書
- 押谷由夫（1995）『総合単元的道徳学習論の提唱』文溪堂
- 柳沼良太（2012）『「生きる力」を育む道徳教育―デューイ教育思想の継承と発展―』慶應義塾大学出版会
- 柳沼良太（2006）『問題解決型の道徳授業―プラグマティック・アプローチ―』明治図書

3　道徳の評価を考える

柳沼　良太

1．評価の現状と課題

　教科において評価は、子ども一人ひとりが学習指導要領に示す内容を確実に身に付けているかどうかを適切に把握し、その後の学習活動や教育活動の改善に役立てていく上で、きわめて重要な役割を果たす。小・中学校の学習指導要領の「第1章　総則」の第4の2でも、「児童生徒のよい点や進歩の状況などを積極的に評価するとともに、指導の過程や成果を評価し、指導の改善を行い学習意欲の向上に生かすようにすること」と記されている。

　しかし、道徳だけは評価に関してきわめて消極的であった。そこでは、「道徳性は評価できない」「心の問題を成績評価するのは難しい」「修身科のような評価を復活させるべきではない」という反対論が根強くあるからである。それゆえ、道徳の「教科化」論議においても、数値による評価をしない「特別教科」とすることが提案されてきた。これまでも、学習指導要領の「第3章　道徳」の「第3　指導計画の作成と内容の取扱い」の最後には、次のように記されている。「児童生徒の道徳性については、常にその実態を把握して指導に生かすよう努める必要がある。ただし、道徳の時間に関して数値などによる評価は行わないものとする」。このように道徳授業では、子どもの道徳性の発達状況や実態に把握する必要性は認めながらも、「数値などによる評価」は行わない方針を採ってきた。この「数値など」で評価しないということは、単に「5、4、3、2、1」という数値で評価しないというだけでなく、道徳に関連した内容項目に記号（例えば丸印）や所見をつけることさえできないことを示唆してきた。

　その結果として、道徳授業だけは客観的で信頼性のある評価方法がいつまでたっても確立できず、道徳の目標や指導方法を実証的に検証して、その改善を

図ったり、子どもの学習意欲の向上に活かしたりすることが十分できなかった。また、道徳については小・中学校の指導要録に「数値など」で評価することができないため、道徳と関連の深い「行動の記録」とも切り離されてきた。そのため、道徳教育の取組みはどうしても停滞しがちであり、道徳授業の実施率も、各教科と比較すると、実質的にかなり低い状態にとどまってきた。

　このように適切な評価をしない方針のまま道徳教育を充実・強化し、道徳を「教科化」したところで、これまでの形骸化や実効性のなさは克服できず、いじめのような現実の問題行動に対応した道徳教育を行うことも困難になるだろう。今後、道徳を「教科化」し、指導内容や指導方法を充実させるためには、各教科等と同様に、道徳においても「目標に準拠した評価方法」を開発し、評価規準を作成して客観的で信頼性のある評価を模索する必要がある。

2．目標に準拠した評価

　それでは、道徳の評価としてどのような方法が考えられるだろうか。正規の教科として「目標に準拠した評価」にするためには、各教科等と同様に、①目標を設定し、②評価規準を設定し、③評価規準を「指導と評価の計画」に位置づけ、④評価結果のうち「記録に残す場面」を特定しておき、授業を行い、⑤観点ごとに総括することが求められる。

　2010（平成22）年３月の中央教育審議会の報告書「児童生徒の学習評価の在り方について」では、学習評価の改善にかかわる以下の三つの考え方が示されている。①目標に準拠した評価による観点別学習状況の評価や評定の着実な実施、②学力の重要な要素を示した新学習指導要領等の趣旨の反映、③学校や設置者の創意工夫を生かした学習評価の推進である。これに続く同年５月の文部科学省初等中等教育局長通知では、「観点別学習状況の評価の観点とその趣旨等」が示された。こうした報告や通知をうけて国立教育政策研究所では、同年11月に『評価規準の作成、評価方法等の工夫改善のための参考資料』を刊行し、小・中学校の各教科のみならず、特別活動や総合的な学習の時間においても評価規準や評価方法を提示した。

　しかし、道徳だけは学習指導要領で「数値などによる評価は行わない」と規定されているため、このシリーズから外され、評価方法の改革から完全に取り

残されてしまった。もし今後、道徳を「教科化」するのであれば、子どもの「生きる力」や道徳性の育成を目指し、子ども一人ひとりの進歩の状況や教科の目標の実現状況を的確に把握して、学習指導の改善に活かすとともに、学習指導要領に示す内容が確実に身に付いたかどうかを適切に評価することが肝要になる。こうした評価方法を作成するためには、道徳における評価の観点と評価規準を設定することが不可欠である。

3．評価の観点と評価規準

　道徳の評価では、どのような観点や規準が考えられるだろうか。目標に準拠した評価にするためには、評価の観点についても、学習指導要領等に示す道徳の目標や内容項目に基づいて定める必要がある。具体的には、①道徳教育と道徳授業の目標、②育てようとする資質や能力及び態度、③各教科の評価の観点と関連づけて、以下の三つの観点が考えられる。
①学習指導要領に示された道徳教育と道徳授業の目標に基づいた観点である。道徳教育の目標を踏まえて各学校で定めた目標や内容に基づいた観点として、例えば、「規範意識」「自尊感情」「自他の生命の尊重」「人間関係を築く力」などを観点として設定することができる。道徳授業の目標でいえば、「道徳的価値の自覚」「自己の生き方」「人間としての生き方」についてどれくらい考えを深めることができたかを評価の観点とすることもできる。
②学習指導要領に示された「育てようとする資質や能力及び態度」を踏まえた観点である。例えば、従来の目標でいえば、道徳的実践力の構成要素である「道徳的心情」「道徳的判断力」「道徳的実践意欲・態度」についてどれくらい育成できたかを評価する。今後は、ここに「道徳的行動力」や「道徳的習慣」を観点に加えることも考えられる。また、道徳の内容項目に則していえば、「主として自分自身に関すること」「主として他の人とのかかわりに関すること」「主として自然や崇高なものとのかかわりに関すること」「主として集団や社会とのかかわりに関すること」などの視点に沿って、各学校で定めた「育てようとする資質や能力及び態度」を独自の観点とすることもできる。
③各教科の評価の観点と関連づけた道徳における観点である。道徳授業の具体的な学習対象や学習事項に対する「関心・意欲・態度」「思考・判断・表現」

「技能」「知識・理解」の４観点となる。具体的には、(1)道徳授業における子どもの関心・意欲・態度を評価する。(2)道徳学習の過程における子どもの思考力、判断力、表現力を評価する。(3)道徳授業で社会的・道徳的な技能（スキル）の習得状況を評価する。(4)道徳の学習課題や学習対象、学習事項などの内容について知識の習得とその理解の度合いを評価する。

こうした三つの観点のうちのどれか一つに限定するのではなく、「総合的な学習の時間」のように、各学校の特色や地域性に合わせて評価の観点を規定することも考えられる。

こうした「目標に準拠した評価」による観点別学習状況の評価や評定では、子ども一人がどのように「育てようとする資質や能力及び態度」を養い、学習課題などの「内容」を習得していったかを評価する必要がある。そのためには、実際の学習活動の場面を思い描きながら、例えば、学習活動において子どもが発言した内容、道徳ワークシート、道徳ノート、振り返りカードなどの文章における制作物を主な評価情報とし、そこに日常生活における行動観察などの評価情報を加えることが考えられる。そうしたワークシートなどをまとめてポートフォリオ評価を総合的に行うこともできる。

また、教師が観察法によって評価するだけでなく、子ども自身が自己評価を行ったり、友達と相互評価を行ったり、保護者や地域住民から他者評価を受けたりすることで多角的な見地から信頼性の高い評価ができる。その際、学習の過程を多角的に評価するために、日常的な観察や対話、自由記述、実技・発表などを総合的にみる「パフォーマンス評価」を行うことも有効であろう。

道徳教育や道徳授業で評価を行う際は、生きる力や道徳性の認知的側面、情緒的側面、行動的側面に対して観点別の総合的な評価をする必要がある。また、教育目標、学習内容、指導方法、学習方法に適合した評価方法とするために、多様な評価の方法・技法やツールを用いて、客観的で信頼性の高いものにすることが求められる。こうした評価の結果は、子どもの道徳性の発達を把握するとともに、道徳教育や道徳授業の改善に活用できるように留意することが肝心になる。

4．「行動の記録」と「道徳の評価」の関連づけ

　道徳の評価は、道徳授業のなかだけでなく、日常生活における道徳的な行動や習慣をも含めて総合的に評価することが重要である。この道徳的な行為や習慣に関する評価に最も近いものとして、すでに「小学校児童指導要録」や「中学校生徒指導要録」には「行動の記録」の欄が設定してある。ただし、これまで道徳は、前述したように「数値などによる評価は行わないものとする」ことを前提としてきたため、「行動の記録」は「道徳の評価」ではなく、生活指導・生徒指導などに関連する評価として曖昧に規定されてきた経緯がある。

　「行動の記録」の評価項目としては、「基本的な生活習慣」「健康・体力の向上」「自主・自律」「責任感」「創意工夫」「思いやり・協力」「生命尊重・自然愛護」「勤労・奉仕」「公正・公平」「公共心・公徳心」の10項目がある。それぞれの項目に対して小学校の低学年（第1学年及び第2学年）・中学年（第3学年及び第4学年）・高学年（第5学年及び第6学年）、中学校に分けられ、それぞれに「趣旨」がつけられている。

　このように「行動の記録」における評価項目とその趣旨を見ると、これは生活指導・生徒指導の内容ではなく、学習指導要領における道徳の内容項目と密接に関連していることがわかる。具体的には、評価項目の「基本的な生活習慣」から「健康・体力の向上」「自主・自律」「責任感」「創意工夫」までが、道徳の内容項目でいう「1　主として自分自身に関すること」に対応する。評価項目の「思いやり・協力」が道徳の内容項目でいう「2　主として他の人とのかかわりに関すること」に対応する。評価項目の「生命尊重・自然愛護」が道徳の内容項目でいう「3　主として自然や崇高なものとのかかわりに関すること」に対応する。評価項目の「勤労・奉仕」から「公正・公平」、「公共心・公徳心」までが道徳の内容項目でいう「4　主として集団や社会とのかかわりに関すること」に対応する。ただし、「行動の記録」における評価項目がすべて道徳の内容項目に対応しているわけではないため、道徳の評価に活用する場合は、全体を再構成する必要があるだろう。

　道徳的な行為や習慣に関するアンケートは、これまでも各種の道徳意識アンケートや学校満足度テスト（Q-U）など各種作成されている。これらは子ども

自身の自己評価として、道徳性の実態を調査し、指導方法の改善に役立てることができるだろう。さらに、「いじめ問題等に対応する道徳教育の充実」を図るのであれば、いじめに関する実態調査（アセスメント）や測定ツールを道徳教育に関連づけ評価の材料とすることも考えられる。そして、道徳授業で道徳的実践力を育成することが、いじめ問題等の未然防止や問題解決につながっているかについて、具体的な行為に関するアンケート調査等によって客観的に検証し、信頼性の高い評価をすることが大事である。

〈参考文献〉
- 押谷慶昭（1989）『道徳の授業理論』教育開発研究所
- 辰野千寿・石田恒好・北尾倫彦（2006）『教育評価事典』図書文化社
- 松尾知明（2008）『新時代の学力形成と目標準拠の評価―新学習指導要領の授業デザインを考える―』明治図書
- 田沼茂紀（2011）『人間力を育む道徳教育の理論と方法』北樹出版
- 文部科学省 国立教育政策研究所 教育課程研究センター（2011）『評価規準の作成、評価方法等の工夫改善のための参考資料』

4　道徳教科書のあり方を考える

貝塚　茂樹

1．「教科化」と道徳教科書は一体である

　道徳が「教科化」されれば、大きな問題となるのが教科書である。しかし、普通に考えれば、他の教科と同じように道徳も検定教科書とするのが「常識的」である。

　そもそも教科書とは、「小・中・高等学校、中等教育学校並びに特別支援学校の小・中・高等部で、教科課程の編成に応じて組織配列された教科の主たる教材として、教授の用に供せられる児童又は生徒用の図書であって、文部科学大臣の検定を経たもの又は文部科学省が著作の名義を有するものをいう」（「教科書の発行に関する臨時措置法」第2条第1項）と定められている。また、教科用図書検定規則は、「教科書」の代わりに「教科用図書」と表現されているが、「児童又は生徒が用いるため、教科用として編修された図書」（第2条）と定義している。

　周知のように、学校教育法第34条第1項は、「小学校においては、文部科学大臣の検定を経た教科用図書又は文部科学省が著作の名義を有する教科用図書を使用しなければならない」と規定し、検定教科書または文部科学省著作教科書の使用を義務づけており、この規定は、中学校、高等学校、中等教育学校及び特別支援学校にも準用されている。道徳が「教科化」されれば、こうした法規の規定に基づいて教科書が作成され、その使用が義務づけられるべきである。

　もっとも、教科書使用義務の例外として、高等学校、中等教育学校の後期課程及び特別支援学校、特別支援学級では教科書使用の特例を規定している（学校教育法附則第9条）。しかし、これは高等学校段階での教科・科目数が多く、その全てに教科書が作成されることの困難さに対応したものであり、特別支援学校や特別支援学級においては、小・中学校と同じ教科書の使用が適切ではない

場合があることに基づく特例である。こうした特例が「教科化」された道徳に当てはめるべき積極的な根拠と理由はない。

2．道徳教科書は教育基本法及び学習指導要領を基準とする

　道徳の「教科化」をめぐる議論では、道徳の内容を教科書とするのは困難であり、道徳教科書を作成することはできない、あるいはすべきではないという指摘もある。しかし、こうした指摘は法規的にも問題があるばかりではなく、現在の「道徳の時間」で使用されている副読本の実態をも反映していない。

　学校教育法に基づく現行の教科書検定制度は、教科書の著作・編集を民間に委ねることにより、著作者の創意工夫に期待するとともに、検定を行うことにより、適切な教科書を確保することをねらいとしたものである。このねらいを達成するために「義務教育諸学校教科用図書検定基準」が設けられ、ここでは、「知・徳・体の調和がとれ、生涯にわたって自己実現を目指す自立した人間、公共の精神を尊び、国家・社会の形成に主体的に参画する国民及び我が国の伝統と文化を基盤として国際社会を生きる日本人の育成を目指す教育基本法に示す教育の目標並びに学校教育法及び学習指導要領に示す目標を達成するため、これらの目標に基づき、第2章及び第3章に掲げる各項目に照らして適切であるかどうかを審査するものとする」（総則）と規定されている。

　この基準に基づき、学習指導要領への準拠、中立性・公平性、正確性などの観点から教科書の適格性が審査され、特に教育基本法との関係では、「教育基本法第1条の教育の目的及び同法第2条に掲げる教育の目標に一致していること。また、同法第5条第2項の義務教育の目的及び学校教育法第21条に掲げる義務教育の目標並びに同法に定める各学校の目的及び教育の目標に一致していること」とされた。また、学習指導要領との関係は、以下のように明記されている（第2章「各教科共通の条件」）。

- 学習指導要領の総則に示す教育の方針や各教科の目標に一致していること。
- 小学校学習指導要領（平成20年文部科学省告示第27号）又は中学校学習指導要領（平成20年文部科学省告示第28号）（以下「学習指導要領」という。）に示す教科及び学年、分野又は言語の「目標」（以下「学習指導要領に示す目標」という。）に従い、学習指

導要領に示す学年、分野又は言語の「内容」(以下「学習指導要領に示す内容」という。)及び「内容の取扱い」(「指導計画の作成と内容の取扱い」を含む。以下「学習指導要領に示す内容の取扱い」という。)に示す事項を不足なく取り上げていること。
- 本文、問題、説明文、注、資料、作品、挿絵、写真、図など教科用図書の内容(以下「図書の内容」という。)には、学習指導要領に示す目標、学習指導要領に示す内容及び学習指導要領に示す内容の取扱いに照らして不必要なものは取り上げていないこと。

　さらに、ここでは、「政治や宗教の扱いは、教育基本法第14条（政治教育）及び第15条（宗教教育）の規定に照らして適切かつ公正であり、特定の政党や宗派又はその主義や信条に偏っていたり、それらを非難していたりするところはないこと」（第2章「各教科共通の条件」）も明記し、政治的・宗教的な中立性の確保も強調されている。

　結論からいえば、道徳教科書は他の教科と同様、この基準に照らし合わせて作成されればよいであろう。この基準に当てはめれば、道徳教科書の検定が、他の教科と比べて特に困難であるという理由は見当たらないからである。

　実際に、現在の「道徳の時間」で使用されている副読本や都道府県教育委員会等が刊行している道徳資料集はすでに教育基本法や学習指導要領の趣旨に基づいて作成されている。また、その教材も基本的には学習指導要領の内容項目に沿って配置されているものがほとんどである。したがって、副読本で可能であるものが教科書になると困難となるというのは必ずしも説得力がない。

　一般的にいって、現在の副読本を出版している出版社に加え、新たな出版社や民間の団体等が教科書作成事業に参入すれば、教科書の質は基本的には向上すると考えることができる。いうまでもなくこの点が現行の検定教科書制度が意図する基本的な立場でもある。また、複数の教科書があることで教科書が意図する選択肢が広がり、多様性も確保されることになる。

　また、こうした検定教科書には教科書採択の手続きが加わることも重要である。教科書採択によって各教科書会社によりよい教科書作成のための競争を促すことは、結果的には教科書の質を向上させることになる。このこと自体は、学校や児童・生徒にとっても望ましいばかりではなく、これもまた検定教科書

制度の利点でもある。

　さらに、教科書となれば義務教育諸学校の全児童・生徒に対し、国の負担において無償で配布されることになり（「義務教育諸学校の教科用図書の無償措置に関する法律」第３条）、道徳の検定教科書を否定する根拠はさらに乏しくなる。

　一方で、道徳教科書が作成されることで、教える内容の幅が規定され、「窮屈に」なるのではないか、という心配もある。しかし、教科書があることによって教えるべき内容が明確となり、行うべき最低限度の範囲が示されることは、必ずしも授業を「窮屈に」するわけではない。道徳教科書が作成されても、他の教科と同じように副読本など補助教材を使用できることに変わりはなく、道徳教科書が他の教科と比べて「窮屈に」なる特別な理由は見当たらない。

　また「教科化」によって、今よりもさらに教師が「多忙」になるのではないか、という「教科化」への消極論もある。ただし、教師が「多忙」感を感じる大きな要因は、物理的な仕事量よりもむしろ「どうしたらよいのかわからない」という精神的な負担感にあることも事実である。しかし、道徳が「教科化」され、教科書が作成されれば、少なくとも教えるべき最低限度の基準が明確となり、むしろ「多忙」感は軽減される可能性の方が高いはずである。考慮すべきは、道徳教科書によって教えるべき内容を明確にしつつ、より積極的な授業展開を可能とする教科書を作成することである。

３．諸外国の道徳教科書作成基準も参考にする

　諸外国でもドイツ、韓国、イギリス、フランスなど道徳教科書を発行している国は少なくない。特にドイツでは各州の文部省が教科書を検定し、韓国でも中等学校段階では検定教科書制度が採用されている。

　例えば、韓国では検定教科書の検定基準が定められ、「教育課程を忠実に反映できるようにする」「道徳性の認知的、情緒的、行動的要素を総合的に扱うようにする」「道徳的な省察と自主的な学習ができるようにする」「体験学習、現場学習等により社会と連携した学習が行われるようにする」などの道徳教科書の方向性が示され、①教育課程の遵守、②内容の選定及び組織、③内容の正確性及び公正性、の観点から検定が実施される（韓国教育課程評価院『初・中等学校教育課程改訂告示第2011-361号による初・中等学校教科用図書編纂上の留意点及び検定基

準』2011年9月3日）。また、これに基づき韓国では、『中学校道徳教科書執筆基準』（教育科学技術部）が作成され「各宗教に対する叙述の比重を考慮するが、宗教を持たない人達もいる事に留意する」「多様な倫理的争点（issues）を扱う場合、特定の国家、地域、民族、人種、理念、文化、団体、階層などに対して偏見や歪曲、内容誤謬などがなく、公正で客観的に記述する」（以上は、関根明伸氏による訳）などが例示されている。

　本稿はこの韓国の基準の妥当性を問うものではないが、諸外国でも検定教科書によって運用されている例がある以上、道徳教科書の作成が日本では「困難である」ということは一般には説明できない。もちろん、諸外国の検定基準をそのまま日本に適用することは適切ではないとしても、諸外国の例を参考にしながら日本の道徳教科書の「検定基準」や「執筆基準」の制度設計をすることは当然である。しかもその際の基盤となるのは、教育基本法であり、道徳が「教科化」された際に改訂されるであろう学習指導要領であることは改めていうまでもない。

　その意味でも論議されるべきは、道徳教科書を作成することの是非ではなく、道徳教科書が道徳的価値の自覚を深め、道徳的実践力をはぐくむためにどのような内容を盛り込むのかというその中身である。なかでも、偉人や先人の伝記、我が国の伝統と文化を尊重する題材、スポーツや科学や文学などで業績を上げた著名人に関する題材に基づく「感動を覚えるような魅力的な教材」によって、多様な価値観が引き出され、児童・生徒が深く考えられる内容を積極的に開発していくことが重要であろう。

　その際、『心のノート』や副読本等も活用しながら、登場人物への共感を軸にした学習だけでなく、道徳的知識や技能を習得する学習、道徳的省察をする学習、問題解決的な学習、体験的な学習、スキル学習など多様な指導方法にも対応できる教科書にする工夫が求められる。

〈参考文献〉
- 貝塚茂樹（2008）『戦後教育は変われるのか─「思考停止」からの脱却を求めて─』学術出版会
- 貝塚茂樹（2009）『道徳教育の教科書』学術出版会

5　教員免許のあり方を考える

貝塚　茂樹

1．「専門免許」をどう考えるか

　道徳が「教科化」の制度設計において、「専門免許」を創設するか否かは大きな論点である。周知のように、現行の「道徳の時間」の指導は、小学校、中学校ともに学級担任が行うことが原則とされ、このほかに「校長や教頭などの参加、他の教師との協力的な指導などについて工夫し、道徳教育推進教師を中心とした指導体制を充実すること」（『学習指導要領』第3章道徳第3「指導計画の作成と内容の取扱い」）が規定されている。

　道徳が「教科化」されたとしても授業は学級担任が行うという原則は堅持すべきであるという意見がある一方、小学校段階ではこの原則を堅持するとしても、中学校段階では道徳の「専門免許」を創設するべきであるという意見も根強い。

　「専門免許」の問題は、戦前までの修身科教員にかかわる制度的な論点でもあった。修身科は「教科」であったため、中等学校では修身科の教員免許が発行され、修身科担当の教師が授業を行っていた。これについて天野貞祐は、戦前からこの点を修身科の大きな弊害であると批判していた。天野の批判の主眼は、道徳教育が修身科を担当する教師だけの役割だと理解され、「他の学科の担当者をして修身は全然自己と無関係のごとく思わせる」（『道理の感覚』、1937年）結果になるというものであった。

　1950（昭和25）年、文部大臣となって以降も、天野のこの点に関する理解に変化はなかった。「従来の修身授業はとかく単なるお説教となる傾向があり、その上修身の先生だけが徳育を配慮するので、学科の先生はそれと無関係であるかの如き誤解を生じ易いのでした。いうまでもなく道徳教育なくして人間の育成はなく、いかなる科目の担当者といえども教育者である以上、生徒の人間

形成、したがって道徳教育に無関心であるべき道理はありません。教育者たる自覚をもたぬ教師というのは一個の矛盾概念に他ならない」(「私はこう考える」『朝日新聞』1950年11月26日)。天野はこうした指摘を一貫して繰り返した。

本書第1章第5節でも指摘したように、戦後の道徳教育が形骸化している大きな要因の一つは、修身科に対する功罪を十分に整理されなかったことにある。その意味では、道徳教育が全ての教師の果たすべき責任であり、中等教育段階においても「専門免許」を発行すべきではないという天野の指摘は、今後の「教科化」の制度設計を考える上でも留意すべきである。

現行の学習指導要領において、学校での道徳教育は「教育活動全体を通じて」行うものであり、「道徳の時間」は「道徳教育の要」であると位置づけられている。道徳の授業がよりよく機能するためには、教師が児童・生徒の実態を的確に把握していることが何より重要である。その意味でも、まずは全教員が道徳の授業を担当できることを前提とした制度設計をすることが基本である。

2. 道徳関連科目の単位数を増加する

大学の教員養成段階での制度設計においては、他の教科と同様に道徳教育専攻や道徳教育講座といった道徳教育を専門に学ぶ分野・領域を設置することが必要である。また、道徳関連科目の単位数の増加や教育実習における道徳授業の必修化などは不可欠である。

周知のように、現行の教員免許取得の要件は、「教育職員免許法施行規則」第6条において、「道徳の指導法」の単位は、「小学校又は中学校の教諭の専修免許状又は一種免許状の授与を受ける場合にあっては二単位以上を、小学校又は中学校の教諭の二種免許状の授与を受ける場合にあっては一単位以上を修得するものとする」と定められている。道徳が「教科」でないために、道徳関連科目は、1ないし2単位を取得すればよいことになっている。

通常、大学の講義での2単位は、半期15回(1回は90分)程度である。ごく普通に考えても、これだけで実際の教育現場で週1時間の授業を担当するための基礎的な資質が養われるはずはない。実際に15回の講義のなかに道徳教育の理論と歴史、さらには内容と方法を盛り込んだカリキュラムを編成することは困難である。たとえこれらを全て15回の講義のなかで消化しようとすれば、それ

それのカリキュラムの内容が不十分となるばかりでなく、相互の関連性も希薄となる可能性が高い。学生の立場からすれば、「駆け足でやったが、結局は何をやったかわからない」という消化不良を引き起こすことになる。

逆にいえば、道徳が「教科」ではないことによる現行の教員養成では、道徳授業を十分に担える教員を養成することは不可能である。いうまでもなく、この点が現在の道徳授業が形骸化している大きな要因にもなっている。そして何よりこうした状況が、教育基本法及び学習指導要領で示された道徳教育の目的と目標の達成を不可能としているのである。

道徳の「専門免許」創設の可否にかかわらず、大学の教員養成段階において道徳の関連科目の単位を増やすことは不可欠である。例えば、「道徳科教育学概論（宗教を含む）」「道徳科教育基礎論（宗教を含む）」（いずれも4単位）を創設し、その上に「道徳の指導法（小）」「道徳の指導法（中）」（各2単位）などの単位取得を教員免許の要件とするなどの案が考えられる。

また、ここで注意しなければならないのが「宗教」との関係である。「学校教育法施行規則」第50条第2項は、私立学校においては、「宗教」をもって道徳に代えることができると規定されていることは周知のとおりである。道徳が「教科化」される際に、引き続きこの規定が適用されるとすれば、「道徳」と「宗教」との制度的な整合性を確保することが求められる。以上の点を視野に入れて各学校段階別、取得免許種別に整理したのが次の図である。

この図のポイントは、「道徳教育学概論（宗教含む）」（仮称）4単位を新たに設け、教員免許取得の要件として必修化し、この単位履修を高等学校の教員にも求めていることである。

周知のように、現行では高等学校では道徳がなく、高校の教員免許を取得するためには、「道徳の指導法」の単位取得は必要ではない。しかし、すでに茨城、千葉をはじめ、高等学校段階において「道徳」の履修が広がりを見せ始めている。また、児童・生徒の人間形成においても高等学校段階は重要な時期であり、教育基本法の趣旨からしても、高等学校の教員を目指す者が「道徳教育学概論（宗教含む）」（仮称）についての基本的な理解を得ておくことは必要不可欠である。

なお、「宗教」については、すでに「宗教科」の免許が発行されていること

図　道徳の「教科化」に関する教職課程カリキュラムイメージ案
（各学校段階別、取得免許種別、アミつきのセルは新規設定科目）

A．小免のみ

大学院	〈「道徳」専修免許状〉
4年	教育実習
3年	道徳の指導法【小学校】2単位　or　（仮）宗教の指導法【小学校】2単位
2年	（仮）道徳科教育学概論（宗教を含む）4単位
1年	（「教職の意義に関する科目」等）

B．中免のみ

大学院	〈「道徳」専修免許状〉
4年	教育実習
3年	道徳の指導法【中学校】2単位　／　宗教の指導法【中学校】2単位
2年	（仮）道徳科教育学概論（宗教を含む）4単位
1年	（「教職の意義に関する科目」等）

C．小免＋中免

大学院	〈「道徳」専修免許状〉
4年	教育実習
3年	道徳の指導法【中学校】2単位　／　宗教の指導法【中学校】2単位　＋　道徳の指導法【小学校】2単位　or　（仮）宗教の指導法【小学校】2単位
2年	（仮）道徳科教育学概論（宗教を含む）4単位
1年	（「教職の意義に関する科目」等）

D．高免

大学院	〈「道徳」専修免許状〉
4年	教育実習
3年	宗教の指導法【高等学校】2単位
2年	（仮）道徳科教育学概論（宗教を含む）4単位
1年	（「教職の意義に関する科目」等）

から、基本的にはその制度的な枠組みを継続するのが実質的であろう。ただし、この場合でも、「教科化」された道徳と「宗教」との関係性とともに、現行にはない「宗教」の学習指導要領及び学習指導要領解説の作成、さらには検定教科書作成の是非についてはさらに議論が必要となる。

3．「専門免許」の創設を積極的に考える

　本書第1章第5節でも指摘したように、道徳教育の歴史的な展開は、道徳教育に対する理論的な研究を解体するものとして作用してきた。それは大学での教員養成の弱体化を招いたことは明らかであり、例えば「道徳の指導法」を講義する大学の教員の多くが道徳教育を専門としていないというのが実態である。

　そのため、先述したように道徳教育専攻や道徳教育講座といった道徳教育を専門に学ぶ分野・領域を設置することは、教員養成段階での充実を図るためにも重要である。このことは、全教員が道徳の授業を担当できることを前提とする方向性とは一見して矛盾しているようにも見える。しかし、道徳授業は原則として担任が行うということを前提としても、道徳教育の専門性をもつ教員を養成することは現在の道徳教育の現状を考慮すれば、むしろ積極的に検討しなければならない課題である。

　例えば、道徳教育推進教師には、「道徳教育指導計画の作成に関すること」「全教育活動における道徳教育の推進、充実に関すること」など、学校教育の全体を掌握しながら、全教師の参画、分担、協力のもとに道徳教育を円滑に推進し、充実していくように働きかけていくことが求められている。こうした役割を達成するためには、道徳教育について幅広い理解と専門的な知識と方法論が求められることになる。この点は、道徳教育推進教師ばかりでなく道徳主任にも当てはまることはいうまでもない。

　また、特に中等教育段階での道徳授業は専門的な内容を扱う場合も少なくない。そのため、授業は学級担任が行うことが原則であるとしても、内容によっては専門性をもつ教員が授業を担当した方が効果的である場合も十分に想定される。道徳教育推進教師や道徳主任の役割の機能化を図りながら、さらに教科専任や「加配教員」配置のための制度的な体系性を担保しておくことは重要である。

また、これに加えて、「道徳」専修免許の創設も積極的に検討される必要がある。学問的体系が解体された状況では、教員養成とともに教員養成を担う研究者養成も同時に進める必要があるからである。「道徳」の専修免許制度を創設することで、大学院に学部と連続した講座・専攻を設け、そこで研究者と専門的な教員を養成することは、道徳の「教科化」の制度的な整備をする上でも、また実体化するためにも不可欠なものとなる。

　新たな制度設計には多様な側面に配慮しながら慎重かつ着実に進める必要がある。前述した天野の指摘に見られる「専門免許」を設けることの弊害にも注意を払いながら、特に中等教育段階における「専門免許」創設の可能性については積極的な議論と検討を重ねていく必要がある。

　一般的にいえば、道徳が「教科化」された際の教員免許のあり方は、教員免許取得の要件として充実させるか、あるいは「専門免許」を前提として検討するかの問題である。これは小学校と中学校との免許種による違いでもあるが、結果的には、現行の制度的な枠組みに近くなることが予想される。問題は、各教科の制度的な枠組みと学校における道徳教育の位置づけと役割をいかに調和させていくかであり、その点が道徳の「教科化」における教員免許制度の検討すべき課題である。

〈参考文献〉
- 押谷由夫編（2011）『道徳性形成・徳育論』放送大学教育振興会
- 貝塚茂樹（2012）『道徳教育の取扱説明書―教科化の必要性を考える』学術出版会
- 貝塚茂樹（2013）『戦後道徳教育の再考―天野貞祐とその時代』文化書房博文社

6 教員養成のあり方を考える

関根　明伸

1．現在の教員養成に対する要請

　現在の我が国の教員養成は、戦後の「開放性の教員養成」と「大学における教員養成」を大きな原則としながら行われている。戦前においては、教員養成は師範学校と高等師範学校で行うことが原則とされ、その学校を卒業した者だけが教職に就けるという閉鎖的な目的性教員養成が行われていた。しかし、戦後は、1949年に成立した教育職員免許法と教育公務員特例法により、現在の教員養成は全て開放制のもとの大学教育で行われている。つまり、国公私立いずれの大学・短大でも教職課程を設置すれば教員養成が可能となっており、小・中・高の教員の育成には多数の高等教育機関がかかわっているのである。例えば、2010（平成22）年現在、4年制の国立大学ではその92.7％に当たる76校に、そして私立大学では81.4％に当たる469校に「一種」の教員免許状が取得できる教職課程が置かれている。短大もその70.6％に当たる257校（そのうち私学は247校）には「二種」の教員免許状の教職課程が設置されている。さらに大学院での「専修」免許状も合わせると、現在の高等教育機関では延べ855校という規模で教員養成が行われているのである。

　ただ、こうした全国の大学・短大に対し、近年、文部科学省は「教員養成・免許制度の改革の方向」を示しながら、教職課程が「教員として最小限必要な資質能力を確実に身に付けさせるもの」であること、そして教員免許状が「教員として最小限必要な資質能力を確実に保証するもの」に改善していくべきことを指導している。教員としての「最小限の資質能力」の育成を担保すべき点を強調しているわけだが、裏を返せば、これは資質能力が乏しい免許状取得者が大量に輩出されている現状への批判であり、大学・短大に自助努力を求める強い要請ととらえることができるだろう。

しかし、こうした教員養成における大学・短大の姿勢もさることながら、養成自体が大学の授業を通じた教職課程で行われている点を勘案するならば、本質的には教職課程のカリキュラム、すなわち科目の履修制度や科目の内容、あるいは授業の担当者にも全く問題がないとはいえないだろう。とりわけ、一般的に「教えるのが難しい」といわれている道徳教育についてはどうか。現在の教職課程は、「教育活動の全体を通して」の道徳教育を指導しつつ、かつ「道徳」の授業が指導できる「必要最小限の資質能力」を身に付けるものとなっているのだろうか。以下、教員養成における教職課程の問題点について、「道徳」をめぐる履修制度及び授業の担当者の視点から検討してみたい。

2．教科の科目と「道徳」の科目の履修形態の違い

　まず、「道徳」に関する科目の履修制度について指摘できるのは、専門的な科目と単位数の不足の問題である。現状では道徳教育に関する十分な理解と授業力を得させるような履修体制になっているとはいいがたいのである。

　ここで、まず普通教科に関連する科目の場合について見てみよう。現在、教科の教育に直接的に関係する科目としては、大きく分けると「教科に関する科目」と、「教職に関する科目」のなかの「各教科の指導法」がある。「教科に関する科目」とは、例えば小学校教諭一種免許状（以下、「小一種免」）を取得する場合では、「国語（書写を含む）、社会、算数、理科、生活、音楽、図画工作、家庭及び体育の教科に関する科目」（教育職員免許法施行規則第3条）のことを指しており、具体的には「国語科概論」や「算数科概論」のような科目名で設置される場合が多い。8単位以上の履修が必要とされる。また国語科の中学校教諭一種免許状（以下、「中一種免（国語）」）の場合は、国語学関連の専門科目について20単位以上の履修が必要とされる。「教科に関する科目」は、教科の内容について深く学ぶ科目であるといえるだろう。

　一方、「各教科の指導法」だが、これは「教職に関する科目」の下位に分類される「教育課程及び指導法に関する科目」の、さらにその下位に位置づいている科目である。「小一種免」の場合は、「教育課程及び指導法に関する科目」のなかの「各教科の指導法」から、「国語（書写を含む）、社会、算数、理科、生活、音楽、図画工作、家庭及び体育の各教科の指導法についてそれぞれ二単位

以上」の科目の履修が必要とされている（教育職員免許法施行規則第6条備考4）。また「中一種免（国語）」の場合は、「免許教科ごと」に指導法に関する科目の履修が必要とされているのである。

　このように教科教育の関連科目という観点から見てみると、「教科に関する科目」では当該教科の内容や原理、学問的背景について理解し、「各教科の指導法」では、子どもの発達段階や地域性に応じた実践的な教科の指導法を学ばせる科目という関係になっていることがわかる。しかもこれらは、各大学のカリキュラムでは段階的に編成されている場合が多い。例えば筆者の勤務校でも、2年次には「算数科概論」で算数科の教育内容をしっかり学ばせた上で、3年次の「算数科教育法」では具体的な指導方法を学ばせるようになっている。教科の教育内容と指導法について有機的かつ段階的に学ばせる工夫が施されているのである。

　しかし、「道徳」の場合はどうだろうか。現在の教職課程の全履修科目を見渡してみると、「道徳」に関連する履修科目はただ一つ、「道徳の指導法」以外には存在しない。教科ではないため、「教科に関する」科目は設定されていないのである。確かに、「道徳の指導法」は教育職員免許法で、「小学校又は中学校の教諭の専修免許状又は一種免許状の授与を受ける場合にあっては二単位以上を、小学校又は中学校の教諭の二種免許状の授与を受ける場合にあっては一単位以上を修得するものとする」（教育職員免許法施行規則第6条備考5）とされており、1998年の改正時に実践重視の観点から必修化された意義は大きかったといえる。だが、道徳教育の意義や目的、歴史などの本質を学ぶ科目がないままで、方法の科目のみが必修である現在の形態には問題があるとはいえまいか。たとえるならば、「数学を学んでいないのに、数学の教え方だけを学ばせている」ことに等しい。

　もっともこの科目は、「道徳教育の理論と実際」のような科目名で設定される場合が多く、実際の大学の授業の内容は指導法だけに限定されているわけではない。多くの大学・短大では、工夫をしながら道徳教育の歴史や意義、基礎理論や授業論など、幅広く取り上げている場合が多いようである。しかし、だとしても、わずか2単位の科目だけで道徳教育の目的から内容、授業方法までを着実に学び取らせることはきわめて困難なことであろう。

3.「道徳の指導法」科目担当者の課題

　もう一つの教員養成における問題点は、「道徳の指導法」の授業者の専門性について指摘することができる。前述のように、この科目は小・中学校の教員免許状取得希望者には必修とされているわけだが、そもそもその科目を担当している大学の教員自身が、道徳教育を専門分野としていないケースがきわめて多いのである。

　東京学芸大学の永田繁雄教授は、平成21年7月～9月に全国の大学・短期大学を対象に、「大学・短大における教職科目（道徳の指導法）に関する調査」を実施した（回答者数：363人）。それによれば、「道徳の指導法」の講義を担当している講義者の専門領域で、最も多かったのは教育哲学（17.1%）であり、次に教育学（12.4%）が続き、道徳教育を主専門と回答した講義者はわずか10.2%にすぎなかったという。そのほかでは、倫理学、教育史、教育方法、教育心理学の専門家がそれに続いている。

　確かに、道徳教育の専門についての定義は定かではないし、また多くの研究者は複数の専門分野をもっている場合が多いのも事実である。しかし、少なくとも普通の教科については、教科の専門内容や教科教育学を専門分野とする研究者が中心となって授業を担当するのが常識的であり普通のこととなっている。そもそも、「大学は、学術の中心として、広く知識を授けるとともに、深く専門の学芸を教授研究し、知的、道徳的及び応用的能力を展開させることを目的とする」（学校教育法第83条）ものであり、大学教育には高度な専門性と学術性が問われなければならない。また前述したように、戦後の教員養成が大学教育の一部として行われている以上、科目担当者にも高度な専門性が問われるのは当然なことであろう。道徳教育の専門家がほとんど養成されてこなかった戦後の大学教育の問題もあろうが、「道徳の指導法」の授業者の実に9割近くが専門外で行われているという現在の状況は、簡単に看過できない事実ではないだろうか。

4.「道徳」関連履修科目の再考―新たな枠組みに向けて―

　現在の教職課程において、「道徳」は、他の教科の場合のようにその内容と

方法について有機的に学べるような仕組みになっていない。今後、新たな枠組みで「道徳」が教科化されるのであれば、「道徳」そのものの教育内容についてより深く学ぶとともに、指導力や授業力も身に付く履修体制を整えることで、充実化を図ることが望まれる。
　そのためには第一に、「教科に関する科目」には道徳教育そのものについて専門的に学ぶ「道徳科教育学概論」や「道徳科教育基礎論」のような新科目の設定が必要である。教育方法を学ぶ前段階に教育内容を学んでいることが望ましいからである。例えば、現在、教科教育の道徳教育を行っている韓国の例を挙げれば、初等学校教員の免許取得予定者には、2年次に「初等道徳教育論」、3年次には「初等道徳教育の実際」が必修となっている。また希望者に対しては、「初等道徳科授業研究」や「初等道徳科教材研究」「初等道徳科評価研究」のようにより深く学べる科目も豊富に準備されているのである（韓国・ソウル教育大学校ホームページ）。
　道徳教育に関する学問的な原理や意義、理論について理解を深めることは、履修者自身も道徳的な諸課題に真摯に向き合う機会となるため、大きな意義がある。特に中等教育以上においては、新科目の設置とともに「専門免許」なども視野に入れることも有効かもしれない。
　第二に、「道徳」の科目は専門の研究者が担当するとともに、現職教員等も部分的にかかわることで内容を充実させていく必要がある。学級担任にとって、「学校教育全体」での道徳教育を指導しつつ、それらを実際に「補充、深化、統合」する「道徳」の授業を年間35時間実施するのはそう簡単なことではない。また、学習指導要領には「創意工夫ある指導を行うこと」とあるように、教員には多くの「創意」と「工夫」が要請されているが、具体的に、いつ、どのように「工夫」したらよいのか、現行の科目がそのような問いに明確な回答を与えているとはいいがたいであろう。したがって、「道徳」の科目は、道徳教育を専門とする研究者が担当するだけでなく、指導実績の豊富な現職教員や教職経験者の参与も可能な仕組みに変えていくことが有効である。「いじめ」や「学級崩壊」のような深刻な課題に対処するためには、理論と実践の両面から科目を充実させていく必要があるからである。
　現在の教職課程でまともに「道徳」を学ばなかった（学べなかった）多くの新

人教師が、「道徳」の授業の際に「参考」にできるのは、おそらく文部科学省の資料や副読本の指導書、そして管理職や先輩教師のアドバイスというのが現実であろう。あるいは場合によっては、自分がかつて小・中学校時代に受けた「道徳の時間」の遠い記憶と経験ということになるのかも知れない。だが、それさえも「未履修」や「他教科への振り替え」の記憶が多かったとするならば、本人にとっての問題は深刻である。教員養成としての教職課程が、実質的に「教員として最小限必要な資質能力を確実に身に付けさせるもの」であり、教員免許状が「教員として最小限必要な資質能力を確実に保証するもの」となるよう、「道徳」の関係科目の改善策は早急に検討される必要がある。

〈参考文献〉
- 「教育職員免許法」及び「教育職員免許法施行規則」
- 東京学芸大学「総合的道徳教育プログラム」推進本部「大学・短大における教職科目（道徳の指導法）に関する調査」結果報告書
- 「韓国・ソウル教育大学校ホームページ」http://www.snue.ac.kr

松本美奈の言々句々

道徳の授業はおもしろい

　道徳はどこか得体のしれないもの、という受け止め方を一般にはされているようだ。それを教科化してよいのかと不安がる人が少なからずいることは、わからないでもない。

　実は筆者も長い間、違和感を抱いてきた。自分で体験した道徳の授業は、大半がいぶかしさを感じさせるものだったからだ。「友だちと仲よく」「お年寄りには席を譲ろう」といった教えをドラマ仕立てにした教材映像を盛んに見せられ、結論ばかり先行する筋立てに子ども心ながらに反発を募らせた。

　変わったのは、記者としてさまざまな授業を取材するうちに、志の高い教員もいて「心の教育」に腐心している現実を知ったためだ。

先人の生き方に学ぶ

　例えば、2013年4月、鳥取大学付属小学校で目にした授業。窓外の春景色をよそに、6年生の教室で丁々発止のやり取りが続いていた。幕末の偉人・吉田松陰の生き方に関し、クラスの34人が我先にと手を挙げ、発言しているのだ。海外密航は死罪の時代に、なぜ渡米しようとしたのか。「愛国心」を口にする男子がいれば、「責任感」を指摘する女子も。

　その熱さの秘密は、2週間前から児童が毎日1枚ずつ読み込み、感想を書いて提出していた松陰に関する資料の束にあった。担任の木原一彰教諭が、伝記や評伝を基に1か月がかりで作成したオリジナル教材だ。

　道徳は教科ではなく、教科書はない。そのため、どんな教材を使うか、教員は頭を悩ませる。文部科学省が全国の小中学校を対象に2012年に行った調査によると、31％が「適切な教材の入手が難しい」と回答。『心のノート』や市販の読み物など多様な教材を使っていた。

　木原さんもかつては同じだったという。既存の教材は「友だちと仲よく」な

ど結論が見え、授業は進めやすい。反面、児童が結論を先読みして深く考えずに教師の意に沿う意見を言いがちな傾向があるのに気付いたからだ。むしろ、ちょっとした困難で心が折れ、キレる児童の現状に斬り込める道徳を。８年前、学生時代の恩師の助言もあって思いついたのが、偉人伝の教材化だ。表舞台だけでなく、短所を抱え挫折した舞台裏も書き込む。「人生のモデルを見つけてほしい」と。教材にはこれまで野口英世や本田宗一郎、手塚治虫らが登場。対象が変わるたびに図書室から借り出した関連本を教室に並べ、読むよう促した。

　こうした授業を押し進めるうちに、児童の読書量が増えた。何よりも大きな変化は、偉人の「まね」を始める子が出たことだ。明け方まで勉強していた野口英世をモデルに「早起きしてサッカーの練習をしている」、本田宗一郎の信条に学んで「人の嫌がる仕事を進んで引き受けた」などと、こっそり打ち明けてくる児童もいるとか。

　この日の授業では、松陰の「自分で決めた道を責任もって歩く姿」に感銘を受けたと書く児童が多かった。「教師の生き方も問われます。真剣勝負です」と木原さん。道徳とは、誰が、何を学ぶ時間か。真摯な問いかけが、胸を打った。

さまざまな工夫

　道徳の授業の醍醐味は、児童の心の奥の声を引き出すことだろう。それに、「板書」という、ありふれた手法で取り組む教員もいる。

　筑波大学付属小学校の加藤宣行教諭の実践はその好例。ある日の授業をのぞくと、「親切な人ってどういう人？」という問いに、児童たちが答えていた。「電車で席を譲れる人」「人の気持ちを考えられる人」。発言しながら、児童は加藤さんが黒板に沿い、向かって左側に歩くのを待つ。板書のルールを知っているからだ。果たして加藤さんは左端に立ち、「電車」を上に、「人の気持ち」をその下に書いた。

　次に教材を読む。山中で燃料が切れたバイクの若者を、通りかかった人が助

ける内容。読み終わると、また手が挙がる。本当の親切とは何か。すでに授業のテーマをつかんだ児童が考えをぶつけ合うのだ。その意見が今度は黒板中央に記録された。授業の終盤、加藤教諭は黒板右端に立ち、最初の質問を繰り返した。それに対し、児童は「親切を広げていける人！」と。そして「自分なら何ができるか」と、我が身に引きつけて語り始めていた。

　どの場面でも加藤さんが口にしたのは「その意見はさっきのとどう違う？」という問いだ。「自他の違いを認め、それを通して自分自身の成長を促してほしい」と考えるからだ。そこでフル活用するのが黒板だ。左から中央、最後に右へ。授業の始まりと終わりでそれぞれの意見、考えがどう変化したか、チョークで色分けしたりして、1枚の絵のようにわかりやすく見られるよう工夫する。仕上げは「道徳ノート」。自宅で授業内容を家族に話し、気付いたことを書き込ませて定着を図る。

　こうした授業で、何が起こるか。加藤さんは「児童同士の関係が変わる」と話す。縄跳びの二重跳びができず悩む児童がいた。孤立しがちだったが、跳べた瞬間、クラス全員が取り囲んで拍手。その日の道徳ノートには努力を称える言葉が並んだ。以来、その子に孤立の影は消えたという。互いを認め合うよき社会の基盤づくりに、道徳は貢献しうる。

愛国心

　人によっては反感を抱きかねない「愛国心」をテーマにした授業もある。

　2012年12月、横須賀市立神明小学校で出会った根本哲也教諭の授業。秋から道徳だけでなく総合的な学習の時間も利用し、「愛国心」をテーマに展開してきた。総まとめとなる12回目の道徳の時間、5年1組の教室は活気にあふれていた。

　「日本のよいところは、マナーがいいところだよね」「よくない人も多いよ」。生徒たちが口々に社会の印象を語り合い、それを黒板に書き連ねる。向かって右側に「心配なところ」、左側に「よいところ」、そして中央には「では、自分

に何ができるか」。「悪いところは直していきたい」「よいところを自分の代で終わらせたくない」などの記述が並んだ。
　根本さんは教師になってまだ９年目。学習指導要領に盛り込まれた「愛国心」をめぐり、果たして無理に教え込むべきものなのかと、悩んでいた。背中を押したのは、数年前から指導を仰ぐ日本道徳基礎教育学会の新宮弘識会長の一言だった。「子どもの内なる愛国心をどう引き出し、自覚させるか。それが教師の役目だ」。
　確かにことさら国を意識しなくても、固有の伝統や文化のなかで子どもは生きている。理解が深まれば、よさを大切に継承し、課題は解決しようとする気持ちが湧き上がるのではないか。そう考えて始めたのが、調べ学習だ。児童を数人ずつグループに分け、テーマを決めて図書館に足を運んだり、親や周囲の大人にインタビューを重ねたりして調べさせる。
　例えば国語グループが、敬語には相手や物を思いやる心があることや、四季の彩りに恵まれた日本には、豊かな折々の言葉があることなどを発表すると、自然と、いまの言葉遣いの乱れを問う声が出てきた。社会グループは、日本の産業を調べて技術力が世界で評価されてきた歴史をまとめ、資源の少なさや食料自給率の低さ、環境破壊の進行が心配という意見を発表した。「学習への姿勢が目に見えて違ってきた」と根本さんは驚く。
　そんな歩みの上に立った最後の授業。「日本をよい国にしたいね。でも同時に、ほかの国もよくしたいね」と締めくくった根本さんに、生徒は笑顔と拍手で応えた。「知らないことがいっぱいでおもしろかった」と声を弾ませていた。
　だが、工夫と思いにあふれた授業ばかりではない。東京都内の中学校で目にした授業は、都教委が作成した副教材について生徒が感想をパワーポイントを使って発表したが、言いっ放しで、その解釈でよいのか、掘り下げもない内容。参観する親もパワーポイントの使用に感心するだけで、「道徳」授業としての妥当性に全く言及がなかった。はたから見るだけでわくわくする授業と、思わず首をかしげる授業と。隔てるものは何か。

三

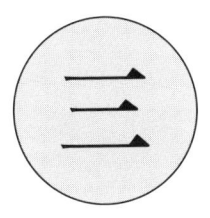

国内外の道徳教育から考える

1　国内の先進的な実践から何を学ぶか

西野　真由美

1．新しい枠組みを求めて—研究開発学校とは—

　日本の学校教育では、教育課程の基準は学校教育法と学習指導要領によって示されている。各学校ではそれに従って、学校の実態や子どもの特性を考慮して教育課程を編成する。学習指導要領では、各学校において創意工夫を活かした特色ある教育活動を展開するよう求めているが、既存教科等を再編成するような学校独自の編成は認められていない。

　しかし、例外的に、この基準によらずに教育課程を開発できる学校がある。文部科学省が指定する研究開発学校や教育課程特例校がそれに当たる。これらの学校では、現行の教育課程から離れて、地域の特性や子どもの実態を考慮して学校がふさわしいと判断した教育課程を編成・実施することができる。

　研究開発学校の制度は、1976（昭和51）年に創設された。この制度は今後の教育課程の改善に資する実証的資料を得ることを目的としており、これまでも「生活科」や「総合的な学習の時間」導入の先導的役割を果たしてきた。学校が独自に教科等を開発、実践した研究の成果は、教科の新しい枠組みを考える上で貴重な資料である。

　各学校の研究テーマは学校自身が決定するが、文部科学省が例示する教育課題の一つに「豊かな人間性や社会性、規範意識をはぐくむための教育内容、指導方法及び評価の在り方に関する研究開発」がある。そこでは具体的な研究例として、「豊かな人間性や社会性、規範意識を身に付けるために、体験活動を核として、道徳や特別活動、及び各科等の内容を系統的に配列する教育課程の研究開発」が挙げられてきた。

　本節では、これに関連する課題に取り組んだ学校の研究に注目し、それらの実践や成果から新たな枠組みで道徳教育を実践するための示唆を導き出したい。

2．研究開発学校はどんな実践に取り組んだか

　前学習指導要領の実施以後、2008（平成14）年度以降に研究開発指定を受けた103件の研究には、人間性や社会性、生き方など広く道徳教育にかかわるテーマで行われた研究が36事例ある。これらのほとんどの事例で、道徳や特別活動、生活科や総合的な学習の時間等、現行の教科・領域の一部や全体を再編・統合して、新教科や領域が設置されている。そこでまず、新たに設置された教科等の目標や特性に着目して、その特徴を分類してみよう。

A．体験活動と道徳学習を統合
　体験の振り返り学習や体験と結びつけた学習を強化して実践力の育成を図る。
B．人間関係や感情のコントロールに関するスキル学習の導入
　人間関係や生活にかかわるさまざまな技法や生き方を充実させるための自己表現について学ぶ。
C．市民性の育成
　「市民科」「市民の時間」等を設置し、現代社会で生きる市民に求められる資質・能力（コミュニケーション力、情報活用力、公共性等）の育成を目指す。
D．キャリア教育
　「未来科」「ゆめチャレンジ」など、自分の生き方を創るキャリア教育を充実させる。
E．特定の現代的教育課題を学習
　環境、国際、福祉など、特定の教育課題を生き方と結びつけて学習する。
F．高等学校において「道徳」に関する新教科等を設置
　道徳の特設時間が設置されていない高等学校において、時間を設定して充実を図る。

　では、上の分類に従って整理した各学校の研究について、それぞれ一事例を選んで実践の特徴を具体的に見てみよう。表1に各学校の研究の特色を並べてみた。

3．研究開発学校の実践を活かしたい

　多様な教育課題に応えて各学校が開発した新しい教育課程。その取組みと成

表1　研究開発学校の教育課程

	分類	新たに設置した教科や領域の特色	育てたい子ども像 重視する力や価値
A	体験活動と道徳学習の統合	鹿児島市立伊敷台小学校 ○「こころの時間」(各学年60〜70時間) 　道徳の時間全部と、学級活動及び総合的な学習の時間の一部を統合。 ○「実践力」と「実践」を融合的に学ぶことで、社会に主体的に生きる力を身に付けさせる。 ○一つの学習を5単位時間程度の「単元」で構成、単元の指導過程を「つかむ・わかる・決める・実行する・振り返る」の5段階に分けた上で、ねらいや状況に対応して弾力的に扱う。 ○行為や行動の日常化を目指すため、実践的活動の場を単元内に設定。 ○評価の4観点(関心・意欲・態度、知識・理解、思考・判断、技能・表現)を設定し、単元ごとの評価規準を作成する。子どもの変容を見取り、指導と評価の一体化を目指す。	身に付けさせたい資質や能力 【主体性】健全な自尊感情、チャレンジ精神、忍耐力 【自律性】基本的生活習慣の形成、自制心 【関係性】生命尊重、人間関係構築力、尊敬・感謝 【協調性】共感する力、思いやり・協力 【適応性】規範意識、共有意識、所属集団への愛着 【貢献性】役割意識、責任感 【創造性】共生意識、環境への課題意識、必要なルールをつくる力
B	スキル学習・コミュニケーション活動の活用	香川大学教育学部附属高松小学校 ○「ふれあい学習」(各学年62〜66時間) 　道徳の時間と学級活動を統合。 ○自尊感情、自己有用感、社会的存在感を味わいつつ社会性を形成する。 ○行事的活動と常時的活動で、習慣形成→道徳的価値の自覚や「ソーシャル・スキル」の獲得→自分なりの価値観をもとにした行動化へつなげる。 ○体験を通して学んだり、学んだことを行動に活かしていくことによって、道徳的価値の獲得(認識)と縦割り活動・奉仕活動・学級活動(行動)の統一を目指す。	他者とのかかわりを通して自己理解を深め、社会性の育成を目指す。他者にひらき、社会に生きる自己の創造に向け、自己理解を通して、よりよい自己を創造していく子どもを育てる。 【才能の伸長】 社会性、他者理解、自己評価、自尊感情、自己有用感、社会的存在感 【ソーシャル・スキル】 共感的・援助的かかわりや積極的・主張的かかわりのスキル
C	市民性を育成	京都府八幡市立小・中学校 ○「やわた市民の時間」(各学年10時間) 　生活や総合的な学習の時間の一部を配当。 ○「ルール・マナー」、「民主主義」、「経済・キャリア」、「ユニバーサルデザイン」の4観点で発達段階別のプログラムを作成。 ○意識(思う)と知識(わかる)とスキル(できる)を「やわた市民の時間」を中核に他の活動をサブプログラムとして実施する統合的な構成で効率の効果的に育成する。	【意識】①自分を大切にしようとする子ども、②他者を思いやろうとする子ども、③自分の行動に対して責任をとろうとする子ども 【知識】④社会の規範、ルール・マナーを理解している子ども、⑤民主主義に必要な権利や義務を理解している子ども、⑥経済や金融の意味や意義とキャリアデザインについて理解している子ども、⑦ユニバーサルデザインについて理解している子ども 【スキル】⑧他者とコミュニケーションができる子ども、⑨必要な情報を収集し、判断、分析できる子ども、⑩

			社会を正しく見ようとする力を身に付けた子ども
D	キャリア教育の充実	庄原市立庄原小学校・中学校 ○「キャリア科」(各学年15〜50時間) 生活科や総合的な学習の時間の一部を配当。 ○学習内容 　A. 人間関係づくりのための学習 　B. 自己理解を深める学習 　C. 仕事のおもしろさ・大切さ・役割を見つける学習（小学校）、興味・関心に基づき勤労観、職業観を育成する学習（中学校） 　D. 移行準備のための学習（小学校）、生き方や進路を選択する学習（中学校） ○教科や道徳の時間でも育てたいキャリア能力を明示した指導案を作成し、キャリア科との関連を図る。	生き方に関する学習の中核として、望ましい勤労観、職業観を育てることを通して、自らの進路を見通し、将来、社会人・職業人として自立していくために必要な基礎的な能力や意欲・態度を育てる。 人とつながる力（人間関係形成）、情報を読み取る力（情報活用）、先を見通す力（将来設計）、考えをもち行動する力（意思決定）をキャリア発達に必要な4能力として全教育活動で培う。
E	特定の教育課題に対応	蓮田市立黒浜中学校 ○「合科環境」・「総合環境」(5〜35時間) 総合的な学習の時間・選択教科の時間を配分 ○全教育活動を通して環境教育を進めるため、教科や道徳・特別活動等の指導計画を「知性」・「感性」・「実践力」を育成する観点で系統化。	持続可能な循環型社会を生き抜くために必要な資質や能力。 学校の教育目標である「自立・共生・創造」を環境教育の側面からとらえ直して具現化。
F	高等学校における「道徳」	京都府立久美浜高等学校 ○「生き方の時間」(各学年32〜43時間) 特別活動や総合的な学習の時間などから時数の一部をあてる。 ○学習テーマを「高校生活」「自尊・他尊」「命」「地域社会・国際」「将来」で構成。 ○全教育活動で「生き方の時間」と関連させ道徳教育を位置づける。 ○地域の人や卒業生との交流を充実。	命を大切にし、自尊意識・他尊意識をもった生徒、進路実現に意欲的に取り組む生徒、地域から信頼され、社会に貢献する人材、社会性、マナーや道徳心、人にやさしい人間、国際理解を深め、地球規模の視野をもつ生徒

果、そして各学校が研究を振り返ってとらえた「課題」は、これからの道徳教育へのメッセージでもある。以下ではそれを三点にまとめて考えてみたい。

(1) **カリキュラム開発のプロセスに学ぶ－目標を共有して創造的に取り組む－**

　道徳教育では、「全教師が協力して道徳教育を展開する」(「学習指導要領」)ために、学校としての「全体計画を作成する」よう求められている。しかし、この全体計画の作成が形骸化され、実践の場面に十分に活かされていないことがしばしば問題視されてきた。

　研究開発学校では、研究の開始に当たって、まず研究組織を立ち上げて学校

の教職員のかかわり方を明確化している。新教科等の目標や内容を学校自身が計画、決定、実践、評価していく必要があるため、それぞれの段階で教職員による協議や検討会が欠かせないものとなり、それを繰り返すことによって教職員の主体的なかかわりが実現している。

　全体計画のもとで各教師が主体性を発揮しつつ協力して道徳教育を展開するためには、計画や決定、評価の各段階に教職員の意思が積極的に反映されるような仕組みが求められる。なにより大切にしたいのは、学校の教職員が創意工夫して学校独自の道徳教育を創っていくための環境である。まず学校で育てたい子ども像を自由に語り合う道徳教育の計画づくりから始めて、教職員がそれぞれ個性や強みを発揮できる協働を実現したい。

(2)　統合的なアプローチに学ぶ－育てたい力を明確に意識する－

　学校教育に寄せる社会の期待は大きい。今も学校には、キャリア教育、健康教育、食育、防災教育、ESD（持続発展教育）、消費者教育、金融教育、法教育等、さまざまな現代的課題への対応が要請されている。社会で新たな問題が注目されるたびにその解決の場として学校教育への要望が高まる。学校へ押し寄せる課題は増えることはあっても減ることはないだろう。

　これらの課題全てに特設時間を設定するのは現実的ではないだろう。学習時数は限られている。研究開発学校はその限られた時数を工夫して求める課題の学習時間を確保しているが、それは一般の学校にはできない。では、現代的教育課題に学校はどう取り組めばよいのか。

　表1で見たように、学校が取り組んだ課題はさまざまだが、各学校が育てようとしている力や重視する価値を並べてみると、相互に関連が深いことに気付く。もちろん、それぞれの教育課題には学ぶべき固有の知識がある。だが、育てようとする能力に着目するなら、目指すものはむしろ共通とさえいえるだろう。

　そこで、限られた時数のなかで現代的教育課題に応える枠組みを構築するには、さまざまな課題で求められている資質や能力の基盤となる汎用的な能力に注目し、それを育てる教育活動を充実することが有効である。これらの汎用的な能力は、特定の内容や領域に依存していないため、どの教育課題でも育成可能であり、しかも学校の教育活動全体を通して育てたい力でもある。育てたい

能力に着目すれば、教科・領域横断的な実践も可能になる。

「自己理解（自尊感情）」「コミュニケーション（人間関係形成力）」「創造」。異なる課題にまたがって多くの学校がこれらの能力を重視しているということは、裏返せば、大切であるにもかかわらずこれらの能力が現行の教育課程では十分に育てられないとみなされているということである。また、キャリア教育を直接の研究課題としていない学校においても、自分の「将来」を考える学習が取り入れられているのをみると、社会のさまざまな課題に取り組みながら自らのキャリアを創造していく力を身につけてほしいという学校の思いが伝わってくる。新たな教科は、このような力を育てたいという期待に応えるものでなければならない。

(3) **実践への要請にどう応えるか**

教育課程の開発に当たって、特別活動と道徳の時間を統合した新教科等を構想した学校が複数あった。それらの学校で共通に指摘されているのは、現状では実践力が実践に結びついていない、という問題である。

「社会で生きて働く実践力を育成する」ため、実践と実践力を結びつけたい。道徳的価値の獲得と行動との統一を目指したい。こうした研究開発学校の声は、さまざまな価値について考え、その自覚を深める内省的な学習活動と、学んだ価値を実生活のなかで実現する実践的な活動をより密接に関連づける取組みが必要であると教えてくれる。

実践だけが目的にならないよう、内面を育てる時間を大切にしたい。そんな思いは研究開発学校でも意識されている。だからこそ、現行の教育課程では、体験を振り返って考えるための時間が確保できない、という訴えは深刻である。「道徳の時間」が子どものさまざまな体験活動を「補充・深化・統合」する役割を果たせていないという指摘だからだ。「道徳」を教科として構想することで、道徳学習を閉じた学びにしてはならない。思考と実践が発展的に繰り返されていく学習を実現することが、実践力を育てる道なのである。

〈引用文献〉
- 香川大学教育学部附属高松小学校（2004）『平成15年度研究開発学校報告書　21世紀に生きる人間づくりの教育―基礎・基本の確かな習得と才能伸長を図る学びの創造―（第2年次）』

- 鹿児島県鹿児島市伊敷台小学校（2008）『平成19年度研究開発実施報告書　第３年次　豊かな心を備え、新しい公共を創造する子どもを育てる教育課程の研究開発』
- 京都府八幡市立八幡小学校・中学校（2010）『研究開発学校実施報告書（最終年次）効率的で効果的な指導方法の研究開発～基盤技術の定着とシティズンシップ教育の研究を通して』
- 京都府立久美浜高等学校（2007）『研究開発学校実施報告書第三年次』
- 庄原市立庄原小学校・中学校（2008）『平成19年度研究開発実施報告書（第３年次）』
- 蓮田市立黒浜中学校（2006）『研究開発実施報告書・第３年次』

2　韓国の道徳教育から何を学ぶか

関根　明伸

1．韓国の教科化の歴史的背景

　我が国と韓国の教育では、教育法規や教育制度、あるいは国家基準のカリキュラムや各教科などで共通する部分が非常に多い。しかし、道徳教育の性格と位置づけについては大きな相違点がある。それは、小・中学校（韓国では、初等・中学校）で行われている「道徳」が、教科なのか否かという点である。周知のとおり、我が国の「道徳」は、「各教科」や「外国語活動」「総合的な学習の時間」などと同じ「領域」という位置づけにあるが、一方の韓国では「道徳」は「領域」ではなく、「教科（群）」に区分されている（教育科学技術部告示第2012-14号『初・中等学校教育課程総論』）。つまり、1973年の教科化以来、韓国では「道徳」が教科教育として行われており、それを前提に道徳教育の研究と実践がこれまで積み重ねられてきているのである。では、このような韓国の道徳教育から我が国が示唆されるものとは何であろうか。本節では、韓国における道徳教育の現状について、目標と内容を中心に検討してみたい。

　まず、韓国で「道徳」が教科化された経緯について簡単にふれておきたい。歴史的に遡ると、日本植民統治時代（1910〜1945）の韓国（朝鮮）では、終戦までの約30年近くにわたって「修身」による道徳教育が行われていた。しかし、戦後にアメリカ軍の占領統治が開始されると「修身」は廃止されることになり、代わって1947年には経験主義的な「社会生活」（のちの社会科）による道徳教育が開始された。社会科教育による間接的な道徳教育が始められたのである。ところが1940年代の後半に入り、政治的混乱や貧困によって社会規範の崩れや民心の退廃が憂慮されるようになると、次第にその批判の矛先は道徳教育にも向けられるようになり、直接的な道徳教育のあり方が模索されるようになっていった。さらに、こうしたなかで1950年6月に勃発した朝鮮戦争は、韓国社会を

混乱に陥れただけでなく、以降の道徳教育の政策にも重大な影響を及ぼすことになった。1950年以降の文教政策には「知識・技術教育」と「道義教育」とともに、「反共」イデオロギーの教育の強化も掲げられるようになったからである。こうした傾向は1960年代の冷戦時代を背景にいっそう強化され、以降の道徳教育のあり方に強く反映されていった。1963年には、イデオロギー教育を含む「反共・道徳生活」の「時間」が小・中学校に特設され、そして1973年には代わって「道徳」という新教科が新設されたのである。

しかし、1990年代以降になると、世界的な冷戦時代の終焉や南北の緊張融和を背景に、道徳教育からはイデオロギー教育が大幅に削減されていった。また、「第7次教育課程」(1997)以降では、道徳教育の本質にかかわるカリキュラムの改革・改善が急速に進められており、かつての「道徳」は着実にその「かたち」を転換しつつある。例えば、2007年の「教育課程」では内容に「環境教育」や「ネットいじめ問題」などが登場し、中等教育では国定教科書から検定教科書へと変更されている。近年の韓国の道徳教育には、「教科アイデンティティー」の確立を目指すとともに、新しい道徳教育の創造を積極的に進めていこうとする動きが見られるのである。

2．初・中・高を貫く道徳教育

韓国の道徳教育は、高校段階までがその対象となっている。道徳教育のために初等学校から高校まで複数の関連教科が設定されており、それらのカリキュラムの連携により系統性と一貫性が担保されているのである。

「2012改訂教育課程」(以下、「2012年版」と記す)は、前半の「共通教育課程」(初等1～中3)と、後半の「選択教育課程」(高1～高3)という2段階のカリキュラムで全体が構成されている。その中で道徳教育に関連する教科には、「正しい生活」(初等1～2年)、「道徳」(初等3～中3年)、そして高校の「生活と倫理」と「倫理と思想」がある(表1参照)。

周知のとおり、我が国の道徳教育は「学校の教育活動全体を通じて行う」ことが原則とされており、それらを「補充・深化・統合」する「要」の時間として中学校まで「道徳の時間」が設定されている。しかし、高校では学習指導要領に道徳教育の「目標」や「道徳的実践力」の記述はあるが、そのための特別

表1　「2012改訂教育課程」における道徳教育関連教科目の関係

	初等学校		中学校	高等学校
学　年	１　２	３　４　５　６	１　２　３	１　２　３
道徳関連教科目	「正しい生活」	「道徳」		「生活と倫理」（選択） 「倫理と思想」（選択）
教育課程	共通教育課程			選択教育課程

「2012改訂教育課程」を基に筆者作成

　の「時間」は設けられていない。「倫理」や「現代社会」はあくまでも公民科の一科目であり、「公民としての資質」の育成に主眼が置かれている。
　一方、韓国では高校の倫理関連科目は社会科ではなく、すべて道徳教育の科目に組み込まれている。そうすることで、初等、中学、高校という段階に応じた指導と、12年間にわたる一貫性のある道徳教育が構想されているのである。

3．「道徳」の教科目標

　韓国の「道徳」は、どのような教科目標を掲げているのか。「総括目標」には、以下ように記述されている。

> 「道徳」の総括目標
> 　自分と私達・他の人、社会・国家・地球共同体、自然・超越的な存在との関係に対する正しい理解をもとに、人間の生に必要な道徳的規範と礼節を学び、生の多様な場で発生する道徳的問題に対する感受性を育て、道徳的思考力と判断力、道徳的情緒、実践意志および能力を通じて道徳的な徳性を涵養し、自律的で統合的な人格を形成する。
> 　　　　　教育科学技術部「告示第2012-14号　別冊６　道徳科教育課程」p.5　（筆者訳）

　「道徳」の目標は、「自律的で統合的な人格の形成」にある。そのため「道徳」では、①「自分」「私達・他の人」「社会・国家・地球共同体」「自然・超越的な存在」という４つの対象に対する価値関係性の理解と、②認知的側面、情緒的側面、行動的側面の３側面からの教育、の２点が重視されている。
　また、初等学校及び中学校の「道徳」の目標は、それぞれ次のとおりである。

> 初等学校「道徳」の目標
> 　初等学校の段階では、幼児教育段階で形成された基礎的な人性をもとに、日常生活で必要な道徳的価値・徳目と基本的な生活マナーを理解し、基本的な判断力と実践意志を涵養し、共同体の中で他の人と共感・疎通することで調和的に生活することができる道徳的行動能力と習慣を育成する。
> 　　　　　教育科学技術部「告示第2012-14号　別冊6　道徳科教育課程」pp.5-6（筆者訳）

> 中学校「道徳」の目標
> 　中学校の段階では、道徳的価値・徳目に対する理解を深化させ、現代社会のさまざまな諸問題に対する参与的な活動を通じて、生徒が道徳的探究と省察をすることにより意思疎通及び問題解決能力を向上し、道徳的感受性と道徳的判断力、そして実践意志を涵養して合理的で望ましい生を営むことができるように道徳的能力と態度を育てる。
> 　　　　　教育科学技術部「告示第2012-14号　別冊6　道徳科教育課程」p.6（筆者訳）

　初等・中学校とも、認知的、情緒的、行動的な三つの側面から総合的な育成が目指されている点は共通している。いずれも「道徳的価値・徳目」の知識理解を踏まえた上で、体験的な活動により「判断力と実践意志」及び「道徳的感受性と道徳的判断力」等を向上させ、道徳的能力や習慣、態度を育成しようとしているのである。

　しかし、体験活動の目的と方法については両者が異なっている点に注意したい。初等学校では、「調和的な生活」のための「共感・疎通」の体験的活動が重視されているのに対し、中学校では「現代社会のさまざまな諸問題」に対する探究的な活動と省察を行うこと、そしてコミュニケーション力や問題解決能力の向上が目指されている。

4．現代的課題に向き合う韓国「道徳」の内容

　次に、「道徳」の「内容」を見てみよう。表2及び表3は、初等学校及び中学校の「内容」の体系である。

　「内容」は、「目標」での4つの「領域」と「主要価値・徳目」に沿って段階的に整理されている。しかも、我が国の「道徳」の「内容」における4つの視

表2　韓国の初等学校「道徳」の内容体系

内容領域	主要価値・徳目 全体志向	主要価値・徳目 領域別	初等3・4学年	初等5・6学年
道徳的主体としての私	尊重 責任 正義 配慮	自律 誠実 節制	(ア) 大切な私 (イ) 自分のことを自ら行う生活 (ウ) 誠実な生活 (エ) 反省する生活	(ア) 感情の管理と表現 (イ) 自分の行動に対する責任感 (ウ) 誇りと自己啓発 (エ) 節制する生活
私達・他の人・社会との関係		孝道 礼節 協同	(ア) あたたかい家庭 (イ) 友達との友情と礼節 (ウ) 感謝する生活 (エ) 近隣との道理と礼節 (オ) インターネットのマナー (カ) 互いに助け合う生活	(ア) 情報社会での正しい生活 (イ) 目上の人に対する礼節 (ウ) 配慮し奉仕する生活 (エ) 対話と葛藤の解決
社会・国家・地球共同体との関係		遵法 公益 愛国心 統一意思 人類愛	(ア) 公共の場所の秩序と規則 (イ) 国に対する愛と誇り (ウ) 統一の必要性と統一への努力 (エ) 多文化社会での望ましい生	(ア) 人権の尊重と保護 (イ) 法と規則の遵守 (ウ) 共同体意識と市民の役割 (エ) 公正な行動 (オ) 私たちが追求する統一の姿 (カ) 地球村時代の人類愛
自然・超越的存在との関係		自然愛 生命尊重 平和	(ア) 生命の尊さ (イ) 自然愛と環境保護	(ア) 真のすばらしさ (イ) 愛と慈悲

教育科学技術部「告示第2012-11号　別冊6　道徳科教育課程」p.6　（筆者訳）

表3 韓国の中学校「道徳」の内容体系

内容領域	主要価値・徳目 全体志向	主要価値・徳目 領域別	中学校1～3学年群
道徳的主体としての私	尊重 責任 正義 配慮	自律 誠実 節制	(ア) 道徳の意味 (イ) 生の目的と道徳 (ウ) 道徳的省察 (エ) 道徳的実践 (オ) 人間存在の特性 (カ) 自律と道徳 (キ) 道徳的自我性 (ク) 勉強と進路 (ケ) 道徳的探究
私達・他の人・社会との関係		孝道 礼節 協同	(ア) 家庭生活と道徳 (イ) 友人関係と道徳 (ウ) サイバー倫理とマナー (エ) 近隣に対する配慮と相互協同 (オ) 他の人を尊重する態度 (カ) 平和的解決と暴力の予防 (キ) 青少年文化と倫理
社会・国家・地球共同体との関係		遵法 公益 愛国心 統一 意思 人類愛	(ア) 人間の尊厳性と人権 (イ) 文化の多様性と道徳 (ウ) 分断の背景と統一の必要性 (エ) 望ましい統一の姿 (オ) 社会正義と道徳 (カ) 個人の道徳的生と国家の関係 (キ) 国家の構成員としての望ましい姿勢 (ク) グローバル化時代の我々の課題
自然・超越的存在との関係		自然愛 生命尊重 平和	(ア) 環境親和的な生 (イ) 生の大切さと道徳 (ウ) 科学技術と道徳 (エ) 文化と道徳 (オ) 心の平和と道徳的生 (カ) 理想的な人間と社会

教育科学技術部「告示第2012-11号 別冊6 道徳科教育課程」p.7 （筆者訳）

点とも近い分類であり、共通している「価値・徳目」も多い。

しかし、我が国の「道徳」と比較して見た場合、韓国では以下の点が特徴的である。第一に、読み物教材や資料によって道徳的な自覚を促すような従来型の内容だけでなく、現代的で現実的なテーマが多く登場している点である。例えば、初等3・4年の「インターネットのマナー」、初等5・6年の「情報社会での正しい生活」、中学校の「平和的解決と暴力の予防」などは、いずれも現実生活のなかで子どもたちが直面する（であろう）身近な現代的課題である。

「インターネットのマナー」の項目を詳しく見てみると次のように記されている。

(オ)　インターネットのマナー
　現代の知識情報社会において、コンピュータとインターネット等の活用が個人と社会に及ぼす影響について正しく認識し、コンピュータとインターネット等を正しく活用しようとする態度を身につける。そしてこのために、コンピュータとインターネット等を活用した時に感じた不快な経験や中毒の問題が派生する理由を調べ、このような問題の予防のために、コンピュータとインターネットを利用する際に守るべき行動規則やマナーの目録を作成してみる。
①コンピュータとインターネット等を利用する時に経験する道徳的な問題とその原因
②コンピュータとインターネット等を利用する時に守らなくてはならないマナーと実践方法
③インターネット等と関連する中毒の問題点と解決方法及予防法
④ソーシャルネットワークサービス（SNS）の使用上のマナー
⑤ネットいじめに対する予防と対応の方法

教育科学技術部「告示第2012-11号　別冊6　道徳科教育課程」p.11　（筆者訳）

インターネットの功罪を理解させながら、「ネット中毒」や「ネットいじめ」のような深刻な道徳的課題、さらにはそれに対する予防法や対策にもふれていることがわかる。日常的に実生活のなかで直面するような課題が内容として含まれているのである。

第二に、さまざまな学問分野から学際的に追究すべき内容が含まれている点である。特に中学校ではその傾向が強い。例えば「道徳の意味」「道徳的自我

性」などのような哲学的、心理学的課題だけでなく、「勉強と進路」や「環境親和的な生」、「グローバル時代の我々の課題」のように、キャリア教育や環境教育、国際理解教育など、複合的な道徳課題も多く扱われている。「道徳」が「心の教育」にとどまらず、さまざまなテーマに対して多角的に学ぶべき総合的な教科であることが示唆されている。

5．我が国への示唆

　以上の検討から示唆されるのは、次の３点である。第一に、児童・生徒の発達段階や現実的な環境の変化を踏まえながら、高校段階までを視野に入れた道徳教育を構想すること、第二に、道徳的課題に対して、認知的側面、情緒的側面、行動的側面の総合的な観点からとらえ直すことで、実効性のある道徳教育へと転換すること、そして第三に、子どもにとって身近で現代的で現実的な道徳課題も対象にしていくことである。

　我が国以上のペースで少子化が進行する韓国においても、子どもたちを取り巻く環境は目まぐるしく変化し、深刻な教育課題はますます山積しつつある。IT大国を誇る一方で、約79万人に上る青少年のネット中毒者の存在や学級崩壊の頻発化（韓国では教室崩壊という）、「いじめ」による青少年の自殺問題など、学校と教師が向き合うべき課題は複雑化と肥大化の一途をたどっている。

　もちろん、これらは道徳教育の「時間」や授業だけで解決できるほど単純な問題でないのはいうまでもない。しかし、韓国では責任ある教科教育を進めている立場から、行政関係者や研究者、そして現場の教師たちが協議・協力し合いながら、実効性のある道徳教育のあり方に向けて真摯に向き合ってきたのは確かである。とりわけ現代的な道徳課題、つまり課題としての知識を正面から取り上げることで、少なくとも子どもたちには共通に理解し合い、考え、解決策を探り合う現実的で貴重な時間を提供してきたといえるだろう。我が国もこれまでの「道徳」の「よさ」も充分に活かしながら、子どもの実態や現代的課題に対応し得る新たな枠組みを検討すべき時に来ているのではないだろうか。

〈参考文献〉
- 韓国教育科学技術部「告示第2012－11号　別冊６　道徳科教育課程」
- 韓国教育科学技術部「告示第2012－14号　別冊１　初・中等学校教育課程総論」

3 アメリカの人格教育から何を学ぶか

柳沼　良太

1．人格教育が台頭してきた背景

　アメリカでは1990年代から「新しい人格教育（キャラクター・エデュケーション）」が台頭してきた。この人格教育は、根拠に基づく多様な指導方法を取り入れるとともに、科学的な評価方法を実施することで実効性が高まり、今日ではアメリカのみならず世界中に普及している。我が国の道徳教育を充実させるために、アメリカの人格教育から何を学べるかを考えてみたい。

　まず、アメリカの人格教育の歴史的経緯を確認しておきたい。アメリカでは20世紀初頭までは「古い人格教育」が行われていた。ここでは読み物資料を使って主人公の気持ちを考え、道徳的価値の自覚を促すような授業であり、我が国の道徳授業にも影響を及ぼしている。しかし、こうした授業をしても実効性がないことが問題視された。1928年から1930年にかけてハーツホーン（Hugh Hartshorne）とメイ（Mark May）が行った人格教育の効果を評価するアンケート調査によると、人格教育を行った介入群と対照群を比較分析しても大差はないことがわかった。また、人格教育で子どもが道徳的価値を心情的に理解したとしても、時や状況に応じて不正行為をすることがあることも実証された。そのため、古い人格教育の意義を問われ、1930年代から衰退を余儀なくされていったのである。

　1990年代から情報化やグローバル化が進展し社会が大きく変動するなかで、価値観が多様化し個人主義が強まる一方、従来の価値規範や連帯意識が崩れ、学力低下や生徒指導上の問題も増加してきた。そうした時代に対応するために「新しい人格教育」が台頭してきた。特にクリントン（B. Clinton）政権下では、1994年にアメリカ学校改革法のもとで「人格教育連携パイロット・プロジェクト」が実施され、1996年にはクリントン大統領が一般教書演説でアメリカの学

校すべてに対して人格教育の実施を要請している。次のブッシュ（George W. Bush）政権下では、2002年に「落ちこぼれ防止法（No Child Left Behind Act）」（以下、NCLB法）を成立し、「強い人格と市民性」が強調され、安心で規律ある教育環境を整備するために、「人格教育連携プログラム」が実施された。現在のオバマ政権下でも、NCLB法を柔軟に修正しつつ、人格教育を市民教育とともに推進している。

こうしてアメリカでは、基本的には連邦教育省が中心となり、州や地方の教育委員会がさまざまなNPO（非営利団体）や高等教育機関と連携して人格教育に取り組んでいる。1990年代に設立された人格教育を推進する全米的NPOとして、1991年に共同体主義者ネットワーク、1992年にキャラクター・カウンツ連合、1993年に人格教育パートナーシップ、1999年にキャラクター・プラスなどが次々と設立された。特にNCLB法が施行されて以来、連邦教育省は、「安全で麻薬のない学校局」を設置し、のちに「安全で健康な児童・生徒局」に改編し、人格教育連携プログラムの事業を後援し、巨額の補助金を支給している。

こうした教育行政の動向と関連して、新しい人格教育は学力向上と安心で規律ある学校づくりに寄与するものとして強力に推進されていった。人格教育には、連邦政府から巨額の助成金が支給されるため、実効性が強く求められ、根拠（evidence）に基づく指導方法と厳密に科学的に基礎づけられた評価方法が本格的に導入されることになったのである。

2．人格教育の目標と指導方法

(1) 目標

アメリカの人格教育では、州や地方によって目標が異なるが、主に①道徳的価値の認知的な理解を促し、②道徳的行為を動機づけ、③道徳的行為を習慣化することに重点を置いているところは共通している。人格教育の授業でも、子どもが道徳的価値について理解を深め、そのよさを感受し、実際によい行為をし、習慣化させようと指導し、認知的側面と情緒的側面と行動的側面の調和的な発達を促している。

人格教育で指導する価値項目は限定されている。例えば、「倫理と人格向上センター」では、中心的価値として「正直、勇気、責任、勤勉、奉仕、尊重」

を挙げている。キャラクター・カウンツでは、核心的価値（core values）として「信頼、尊重、責任、配慮、公正、市民性」を掲げている。「人格教育連盟」は「思いやり、正直、公正、責任、自他の尊重」を掲げている。このように道徳的価値を5～6に限定して、それぞれを繰り返し重点的に指導することで確実な定着を図るのである。

(2) **指導方法**

アメリカの新しい人格教育は、学校の教育活動全体を通して行うことが重視されている。また、学校は家庭や地域社会と連携して包括的（comprehensive）に人格教育に取り組むことが推奨されている。

例えば、人格教育パートナーシップでは「人格教育の11の原理」を提示し、学級や学校を「ケアリング・コミュニティ（思いやりのある共同体）」にし、教職員は学習・道徳コミュニティの一員となって人格教育の責任を分かち合うとともに、保護者や地域社会のメンバーと人格形成の役割を担うパートナーとなることを重視している。

その上で、人格教育の授業は、各教科や生徒指導や特別活動と関連づけられ、道徳的実践の指導（一種のスキル・トレーニング）が行われたり、教科横断的で総合的な学習を行ったりしている。それゆえ、人格教育は学力指導や生徒指導とも密接に関連している。

新しい人格教育では、計画的かつ発展的に道徳的価値を教える伝統的な授業スタイルもあるが、一方では、進歩主義教育のような新しい流れを汲んで、価値明確化論やモラルジレンマ授業の手法も適宜取り入れ、道徳的問題を多角的かつ批判的に考察する授業スタイルもある。その際、道徳的基準として可逆性・普遍性・互恵性・因果性などの見地から責任のある解決策を構想している。例えば、「誰もが公平に役割を果たすためには、どのように掃除の計画を立てればよいか」という日常的な問題を子どもたちに考えさせることで、道徳的な判断力や心情だけでなく、実践意欲や態度をも総合的に育成していく。

人格教育の授業を具体的に見てみよう。例えば、「努力・忍耐」に関する授業では、「忍耐とは何か」「忍耐強く続けることが難しい仕事は何か」「もし忍耐が身についたら、どんなよいことがあるか」「忍耐が人生（の成功）でいかに必要か」「成功するためにいかに忍耐したか」を尋ねる。こうした問いを考え

るなかで、子どもは「忍耐」という行為の道徳的意義を理解し、「忍耐」の結果や人生に与える影響をじっくり考え、忍耐強く生きようと動機づけられる。そして授業後に、現実的な生活で「忍耐」を実践できる機会を子どもに提供し、その実践から価値を再認識するように促す。このようにアメリカの人格教育では、実際的な問題を取り上げ、具体的な解決策まで踏み込んで話し合うため、実際の日常生活で起こる諸問題にも応用することが可能になる。

3．いじめ問題等に対応する人格教育

　アメリカでも学校でのいじめは大きな問題である。いじめが原因で子どもが自殺する事件が連続して起きたり、約16万人もの子どもがいじめを苦に不登校になったりしている。こうした社会的問題とされるいじめ対策を兼ねた人格教育が数多く開発され実践されていった。

　まず、校内のいじめや暴力行為についてアンケート調査（Assessment）する。「殴られる、蹴られる、悪口を言われる、仲間はずれにされる」などの具体的な行為を尋ねる。次に、学校規模でいじめや暴力を禁止する校則やカリキュラムを設定し、教師がいじめの予防、警戒、支援を積極的に行う。また、いじめ問題等の対処方法を事前に指導しておく。例えば、いじめに気付き認知する方法を子どもに教えたり、いじめを教師に報告するためのさまざまな方法を伝えたりしておき、問題の早期発見と早期解決に取り組んでいる。被害者には、いじめに対応するための方法を教えたり、犠牲を減らすための戦略を教えたりする。加害者には、攻撃性を社会的に受け入れられる活動に置き換える方法を教えたり、共感能力を養って互いに尊重し合う人間関係づくりを指導したりする。

　学級経営では、教育活動全体で自他の多様性を尊重するように指導する。例えば、自他の理解を促すために、学級全員で互いに2分間のピア・インタビューを行う。学期の初めにいじめに反対する学級目標を皆で作成し、それを堅持する。日々の生活では、自己評価と目標設定を行い自らの言動を振り返るとともに、「協働的な学習」や「批評的なサークル活動」を促す。また、子ども同士が匿名で賛辞を贈る活動を行ったり、子どもの善行を学級便りで家庭に定期的に送ったりする。国語の時間では、文学や偉人伝を通して道徳的価値を共感的に理解させる。子どもの方には、サービス・ラーニング（社会奉仕学習）やピ

ア・サポート（子ども同士の支え合う活動）や生徒会活動などに積極的に参加するよう促す。いじめ問題に関する授業では、「いじめはなぜ悪いか」を話し合い、実際に起きたいじめの事例について問題解決的な学習を行う。

最後に、再びいじめや暴力行為に関するアンケート調査を行い、人格教育のプログラムの有効性を検証する。

4．人格教育の評価方法

新しい人格教育では、1990年代から「厳密に科学的に基礎づけられた評価」が求められてきた。そこでは、道徳教育の目標（ゴール）や基準（スタンダード）を設定し、それに対応した評価（アセスメント）を行い、教育の結果責任や説明責任（アカウンタビリティ）を果たすことが求められる。

客観的な評価としてアンケート調査が行われる。子どもに対する項目としては、「お互いを思いやり、助け合うことができる」などを評価し、教師に対する項目では、「子どもを公平に扱いえこひいきしない」などを評価し、学校に対する項目では「保護者を尊重し歓迎し配慮する」などを評価する。基本的には5段階で、自己評価することになる。

また、人格教育の授業をより厳密に科学的に評価する方法として、介入群と対照群を設定する「ランダム実験モデル」やそれに準じた「疑似実験分析法」が活用されることもある。さらに、近年では、子どもが現実的な状況で課題を解決する力を評価するパフォーマンス評価や、子どものレポート（ワークシート）や作品を評価するポートフォリオ評価が人格教育にも導入され、多面的かつ総合的に評価している。

前述した「人格教育連携プログラム」において評価の対象となるのは、実際の学校における「規律問題」、「児童生徒の成績」、「課外活動への参加状況」、「保護者や地域社会の関与状況」、「教職員や行政の関与状況」、「児童生徒や教職員の士気（morale）」、「学校風土全体の改善」である。このように人格教育の包括的な取り組み全体が多角的に評価され、補助金の支給額や教師の人事評価にまで反映される。

5．アメリカの人格教育から何を学ぶか

　今後、我が国の道徳教育や道徳授業を改善するために、アメリカの人格教育から学ぶべきポイントをいくつか取り上げてみよう。

　まず、道徳教育を情緒的側面に限定せず、全人格を育成するために認知的側面、情緒的側面、行動的側面をバランスよく育成する点である。次に、道徳的価値を６〜８くらいに絞って重点的に指導し、その行為や習慣形成に結びつけ、人格形成に役立てることである。第三に、子どもの現実的な問題に対応させた道徳教育や道徳授業を行うことである。そのためには、道徳教育を生徒指導や学級活動など他の教育活動と関連づけ、問題解決的な学習を通して実践的な判断力や共感力や行動力を総合的に育成する必要がある。こうした方法であれば、いじめ問題等にも対応した道徳教育にもなる。第四に、発達心理学や動機づけの理論、価値明確化論やモラルジレンマの授業方法、リーダーシップ教育やシティズンシップ教育をも柔軟に取り入れ、テーマや資料に合わせた多様な指導展開にする点である。第五に、科学的に基礎づけられた多角的な評価方法を取り入れ、道徳性の発達状況を把握するとともに、教育方法や学習方法の効果を検証し、その改善に役立てることである。こうした諸点を我が国でも取り入れることで、道徳教育の形骸化を克服し、実効性の高い道徳教育にすることができるだろう。

〈参考文献〉
- 柳沼良太（2013）「日米の道徳教育に関する比較考察〜新しい人格教育との比較を中心に〜」研究紀要『道徳と教育』日本道徳教育学会
- 柳沼良太（2012）『「生きる力」を育む道徳教育―デューイ教育思想の継承と発展―』慶應義塾大学出版会
- 柳沼良太（2010）『ポストモダンの自由管理教育―スキゾ・キッズからマルチ・キッズへ―』春風社
- トーマス・リコーナ著、三浦正訳（1997）『リコーナ博士のこころの教育論―〈尊重〉と〈責任〉を育む学校環境の創造』慶應義塾大学出版会
- トーマス・リコーナ、マシュー・デイビッドソン著、柳沼良太・吉田誠 訳（2012）『優秀で善良な学校〜新しい人格教育の手引き〜』慶應義塾大学出版会

4 世界の道徳教育から何を学ぶか

西野　真由美

1．世界の道徳教育から学ぶために

　世界の国々は、学校で「道徳」をどう教えているか。

　このシンプルな問いに答えるのは簡単ではない。世界各国はそれぞれ異なる教育制度のもとで、独自の枠組みで「道徳に関する教育」を展開しているからである。

　ここで「道徳に関する」教育としたのは、世界各国において道徳教育を担うのは、「道徳」という名称を冠した教科や領域とは限らないからである。世界には公教育において宗教教育を実施している国も多い。特定の宗派教育（カトリック、プロテスタント、イスラム教などの教義を教える教育）が正規の教科として設置されている国もある。こうした国では、宗教教育が実質的に「道徳に関する教育」の中心的役割を担っていると見るべきだろう。

　もう一つ注目すべきなのは、2000年代から世界各国で本格的に導入されるようになってきた「市民性教育」である。「市民性（Citizenship）」という言葉は、近年、これまで各国の学校教育で社会科系の教科として設置されてきた「公民（Civics）」とは区別して用いられるようになっており、日本ではそれをあえて「シティズンシップ」とそのまま表記する例も見られるなど、学校教育に独自の地位を占めるようになってきている。その背景には、今日の社会では、「市民」の意味や「市民」に期待される資質や能力そのものが変化してきているという認識がある。「市民性教育」は、グローバル化が進展する社会を背景として、人権・平和・環境など地球規模の諸課題に向き合える市民の育成を目指す教育として、現代的な教育課題の一つに位置づけられるといえよう。

　この課題に対する各国の対応はさまざまである。既存教科である「公民」の名称を「市民性」「公民と市民性」などに変更した国、「公民」とは別に「市民

性教育」を導入した国、全く新たな教科として「市民性教育」を導入した国もある。もともと「公民」と「道徳」はかかわりが深く、フランスのように「道徳」に関する教科名を「公民・道徳教育」としている国もある（第二次大戦後の日本では、「修身」に変わる教科として「公民」の導入が構想されたことがある）。「市民性教育」は、市民としての資質や行動規範、価値や倫理に関する学習を重視している点で、道徳教育との重なりはいっそう深いといってよかろう。

　このように、世界各国の道徳に関する教育には、道徳教育、宗教教育、市民性教育という三つの柱がある。各国の学校教育が「道徳」をどう教えているかは、その国の歴史や文化を反映し、また国内政治の影響も受ける。その文脈から切り離して、「道徳の授業」という形式だけに注目して各国を比較してしまうと誤解を生む危険がある。

　しかし、では国際比較に意味がないかといえば決してそうではない。確かに、「これは」と思うような特色ある実践も、その国の教育や文化のなかで育ってきた歴史がある。その、いわば根っこを切り離して「実」だけを取ってくる発想で模倣しようとしてもうまくいかないだろう。だが、魅力的な取組みに注目することで、私たちが新たな枠組みを構想する際のヒントが得られるなら、それは意義ある試みといえるだろう。実際、各国の現状を俯瞰してみると、グローバル化や情報化がいっそう進展するなかで、いずれの国も悩みや問題を抱えつつ、これからの社会の担い手となる子どもたちにどんな価値や道徳をどう教えるべきかという課題に取り組んでいることに気付く。この共通の課題への取組みから互いに学び合うことは、グローバル時代の道徳教育を構築していく上でむしろ必要不可欠なステップといえるだろう。世界の道徳教育から積極的に学び、私たちの道徳教育を創っていきたい。

　ただ、この限られた紙面で世界の道徳教育を網羅的に取り上げることはできない。そこで本節では、今、私たちが直面している「教科化」をめぐるさまざまな論点に関して、各国の注目すべき取組みを大胆に切り取ってみよう。

2．各国は道徳をどう教えているか

(1) 「道徳」の位置づけ

　世界各国で、「道徳」に関する学習はどのように実施されているのだろうか。

まず「道徳」に関する教科目等の設置状況を確認しよう。
　「宗教」や「市民科（市民性教育）」なども含めれば、道徳に関する単独の教科目などを設置している国はヨーロッパも含めて多い。「宗教」ではなく、「道徳」だけを取り出してみると、日本における教科の要件となっている「教科書」、「専任教員（中等教育以降）」、「評価」を全て満たした教科を設置している国には、中国、韓国、シンガポール、フランス等がある（設置教科等の名称や設置学年、時数等は学校種や学年で異なる）。
　ただし、注意すべきなのは、中国やフランスの教科には日本の社会科系教科に相当する内容が多く盛り込まれており、日本の感覚からすると「道徳の時間」よりも「社会科（公民）」に近い。そのため、例えば近年のフランスでは、この知識中心型の教科では価値や態度にかかわる内容を扱えないとして、学校の教育活動全体で取り組む「市民性教育」が注目されるようになってきている。教科を設置してきた歴史のある国が、教科の学習だけでは不十分ととらえるようになっていることは重要な示唆である。
　他方、アメリカのように「宗教」も含めて教育課程に特定の教科目を位置づけていない国もある。また、台湾では、2004年にそれまで設置されていた教科「道徳」を廃止し、現在では価値や道徳にかかわる学習は「総合活動」（日本の「総合的な学習の時間」に相当）において学校裁量で実施されている。ただ、これらの国では、州や学校レベルで多様な実践が展開されている。特に、アメリカの「キャラクター・エデュケーション」（2節参照）やオーストラリアの「価値教育（Values Education）」など、教科の枠に限定されない学校全体で取り組むアプローチは広い支持を集めて実践されている。教科を廃止した台湾では、文部省が「道徳と人格教育改善プログラム」を発表して、各学校の主体的な取組みを推進している。
　伝統的に公教育で宗教教育を実施してきた国では、社会が多文化や多民族の共生へと変化してきたことをうけて、特定宗派によらない教育への要請が高まってきている。こうした声を反映して宗教教育が道徳や価値に関する教育の重要な役割を引き続き担いながらも、宗教によらない教科が新設された国もある。例えば、マレーシアはイスラム系、ヒンズー系、中国系という異なる宗教・民族で構成される多民族国家であり、これまではイスラム系の子どもは「イスラ

ム教」、他民族の子どもは「道徳」を履修してきた。その枠組みは継続しているが、異なる宗教の子どもたちがともに学べる教科として2005年より「公民・市民性教育」が導入されている。また、宗派により異なる宗教教育を実施しているイギリスでは、1990年代にPSHE（人格・社会性・健康・経済教育）が教科に準ずる位置づけで導入され、学校裁量で学習時間が設定されている。こうした取組みは、現代が多様性が承認される多文化社会だからこそ、そこに生きる人々が共有できる価値を社会の基盤として確立していくという新たな課題が道徳教育に要請されているのだと教えてくれる。

(2) **教科書**

各国教科書制度が異なるため単純な比較はできないが、教科を設置している国では教科書が刊行されている。ただ、一口に「教科書」といっても、シンガポールのように国定教科書となっている国もあれば、フランスのように、検定制度そのものが存在せず、民間発行の教科書から学校や教師が自由に採択している国もある。

(3) **教員**

教科の授業では、小学校では学級担任、中学校以降では専任教員が実施している国が多く見られる。教科に準ずる位置づけとなっているイギリスのPSHEの場合、小学校では学級担任が実施するが、中学校ではPSHEの専任教員が少ないため、校長が担当者を指名したり学級担任が実施したりと学校によって対応はさまざまである。

(4) **評価**

教科を設置している中国やシンガポール、フランスでは、数値による評価を実施している。フランスでは前述のように社会科系教科として知識・理解の評価が中心である。評価の取組みとして注目したいのはシンガポールである。シンガポールでは、受験競争の過熱が問題視されてきたことを背景に、1990年代以降、全人的で包括的な教育を推進している。評価に当たって、レポートや作品、学校における活動に関する多様な評価資料が活用されるとともに、子ども自身の自己評価、級友による評価、ポートフォリオ評価などさまざまな評価活動を取り入れた多角的な評価が行われている。このような評価活動を支援するため、評価に関する教員研修にも力を入れている。

3．新たな潮流―市民性教育―

　第1章3節でも見たように、世界の学校教育では、教科領域横断的に育てたい資質や能力を明確に意識した教育改革が進んでいる。その資質・能力の一つとして、多くの国が「市民性」に注目している。とりわけ、欧州評議会（Council of Europe）やユネスコなど、複数の国が所属する国際的な機関が21世紀を生きる市民に求められる市民性に着目して市民性教育を推進してきたことが、各国の教育にも大きな影響を与えている。

　こうした世界的な潮流を自国の教育課程にどう反映するかは国によってさまざまである。イギリスでは、人格や社会性に関する教育を行うPSHEが先行的に導入されていたが、それとは別に新教科「市民性教育」が設置された。これまで州ごとに異なる教育制度を採用してきたオーストラリアでは、現在、全国統一のナショナル・カリキュラムを策定・導入する過程にあり、今後「公民と市民性教育」が導入される予定である。フランスのように、既存教科「公民」を維持したまま、新たに教科領域横断的に育てたい能力として「社会的・公民的技能」を掲げて教育課程全体で推進していこうとする国がある一方で、シンガポールでは、これまで設置していた教科「道徳」の名称を2014年以降、「人格・市民性教育」に変更して内容を刷新する方針が決定している。この教科では、体験学習やディスカッションを重視し、6つの中核的価値（思いやり、誠実、調和、忍耐、尊重、責任）、自己管理や意思決定などの社会的・情緒的能力に加え、批判的・独創的思考力を学ぶことが期待されている。

　もう一つ注目したいのは、この市民性教育を契機として、イギリス、オーストラリア、シンガポールなどで、市民として共有したい価値―共有価値―の構築を目指す試みが展開されたことである。いずれの試みも、教育界だけでなくさまざまな専門家や一般市民が参加して、これからの社会で大事にしたい価値、子どもたちに伝えたい価値について議論を重ね、その成果を公表している。

　今後、新たな枠組みで教科「道徳」を構想するには、私たちの社会で求められる市民的資質や能力、態度はどのようなものか、そしてそれをどのように育てるかという市民性教育の課題も受け止める必要があるだろう。同じ課題を抱える世界各国とともに歩みながら、国内外における議論を活性化していきたい。

──松本美奈の──言々句々──

道徳教科化で何が変わるのか

　真剣勝負の道徳の授業は実におもしろい。正解を求めようにもなかなか見つからない深遠な問いに向かい、解を得ようとする営みの気高さのようなものが感じ取れるからなのだろう。

　そうした授業はまた、子どもの変化を引き出す。教育の語源、ラテン語の「educatio」は「引き出す」の意味という。子ども自身も気付いていない可能性を引き出せる力、それが道徳にはあると信じている。

「扇の要」は確保されているか

　学習指導要領で、道徳は学校の教育活動をつなぎとめる「扇の要」の役割を期待されている。骨である教科など学校での全ての活動に道徳の「エキス」が注入され、「道徳の授業」が要として補充・深化・統合する設計。有機的につながってこそ、子どもに変化をもたらす風を送れるというわけだ。

　静岡県の公立小学校で印象的な授業に出会った。各地で桜の開花時期が違う理由を考えている。「気温？」「日照時間？」「根性が違う！」。教室中に笑い声が響く。普通の「理科」の授業と見えたが、その流れを、担当する50代教諭の示した1枚の写真が変えた。

　東日本大震災の被災地に咲く1本の桜。津波到達地点に桜を植える運動があることを教え、「どう思う？」と問いかけると、一斉に児童の手が挙がった。「震災を忘れないために大切」「観光名所になる」と賛成の子がいれば、「忘れたい人には残酷」と反対する子も。では被災者はどうか、自分に何ができるか。いつしか授業は「理科」から離れていた。

　各教科を通じて「道徳」を。教諭がその考えに共感したのは約20年前、「社会」の授業を通してだ。下水道の仕組みを教えようと、地域の施設を児童と一緒に調べ始めた。泣く泣く畑を売った農家や買収交渉した市役所担当者の話を

聞くうち、児童の学習態度が真剣味を帯びるのに気付いた。いろいろな生き方が社会にはある。そんな社会とどうかかわり、生きるか——道徳が扱う主要な視点は、むしろ教科から導けるのではないかと思ったのだ。以来、教科で問題意識を引き出し、「道徳」で補充・深化・統合する実践を進めてきた。

だが、同校の校長によると、その教科の授業を活かす肝心の「道徳の授業」ができていないという。「みんな多忙で、打ち合わせや研修の時間がない」「まずは教科の力をつけさせるのに精いっぱい」という。

本当に「忙しさ」だけが原因だろうか。このところ、子どもの学力低下などが問題視されていることもあり、国語や算数（数学）、理科、社会といった主要教科の時間の拡充を図る学校は多い。限られた時間のなか、削る対象として狙われているのが、道徳などテストで計れない力を育てようとする授業ではないか。

道徳の充実は不可欠

偏差値によらない大学選びの情報提供を狙い、2008年から読売新聞で「大学の実力」調査を行っている。回答から読み取れるのは、学生の学習意欲をいかに喚起し、目的意識をもたせるかに腐心する大学の窮状だ。入学予定の高校生を合宿させたり、学長自らがランチをはさんで学ぶ意味を語ったり……。18歳以上を対象にそんなことを、というつもりはない。ただ、こうした取り組みがもっと早い時期に始まっていたら、とじれったく感じる。

その役割を担えるのが、道徳の授業と考える。前述の理科の授業について子どもたちに感想を聞くと、例外なく「楽しい」と返した。「間違えても恥ずかしくない」「間違えたら、別の意見が出てくるからおもしろいんだよね」。正解だけを求める授業は、考え、意見をぶつけ合う楽しさを生まない。道徳教育の意味を、こうした声が代弁しているようだ。

就職活動の現場で出会う学生たちからも、道徳の授業の必要性を実感する。「大企業」や「テレビでCMを流している企業」を志向する多くの学生に共通

して感じられるのは、社会性の欠如だ。社会の一員になる意識を育てられ、「働く」ことを通じてともに社会を支えていくことが理解できていたら、別の選択をするのではないだろうか。少なくとも、「なりたい自分」だけを肥大化させることはないはずだ。

　そうした点からも、道徳授業の充実は欠かせない。だが、現場の教師にその全責任を委ねるお寒い事情を肯定した中途半端な改革では、その実現は難しいといえる。

代用されない「教科化」に

　教科化で最も期待されるのは、教員の養成だ。教科書や成績評価に関する論議は大切だが、やはり肝は授業、教員の力量だからだ。

　ところが、現在の養成課程で道徳の必修単位はたった2単位。そのなかで、道徳とは何かや、「道徳の時間」成立の歴史的背景、学習指導要領の内容など盛りだくさんの内容を学ぶ。しかも、その教育を担う大学教員の大半が道徳の専門家ではなく、なかには「学習指導要領を読んだことがない」という人さえいる。学生側にとっても、道徳は受けた記憶の薄い授業。そうした学生相手に、専門外の教員が年に15回の授業で何を理解させ、どんなスキルを身につけさせられるというのだろう。

　現状変更に奮闘する教員もいる。ある国立教育大学の教授は、2単位の必修授業のほかに、模擬授業の実施を盛り込んだ2単位の特別授業も設けた。だが、悩むのは受講生の確保。学生の関心が低く、2単位ですむものを、なぜさらに履修しなければならないかがわからない。大学側も同様で、同じ時間帯に語学などの必修や就職に有利とされる科目を設けたりするため、学生の無関心度は進む。「これでは意味がない」と教授は肩を落とす。そんな風潮の結果、小中学校で大多数となるのが、道徳の授業とは何かを理解しない教員なのだ。これでは、状況は打開されない。

　文部科学省は2012年に社会を立て直すエンジンとして大学改革を推し進める

「大学改革実行プラン」を打ち出した。注目を集めているのが、国立大学、なかでも教育学部の改革、つまり輩出する教員の質の向上だ。日本の大学の歴史は帝国大学に始まった。圧倒的多数を私立大が占める今でも、国立大学が改革の牽引車となっている面は否めない。道徳の教科化で教員養成のあり方を国立大学が変えたら、社会全体への波及効果は計り知れない。

社会全体のための「道徳」

　道徳の勉強会や学会でよく聞くのは、道徳に力を入れる教員の「孤立」だ。先日もある学会で隣り合わせた女性教諭がそんな話をしていた。学校で「異端視」されているが、「心の教育」に学校が関与していいのかという、戦後教育の申し子のような頑（かたく）なな発想が根底にあるのだと憤る。歴史認識の妥当性について論議するのも悪くはないが、いま優先すべきは、道徳で育てる人材像を打ち出すことだろう。

　ある小学校教諭が「道徳で育てるのは『鉄人28号』ではなく『鉄腕アトム』」と話した。鉄人28号にリモコンで「高齢者には席を譲りなさい」と設定するのは簡単だが、リモコンが悪人の手に渡ったら、席を譲らず、電車ごと投げ飛ばしてしまうだろう。だから育てたいのは、自ら考え、善悪の判断をし、行動できるアトムなのだという。言い換えれば、為政者の言いなりにならず、自立し、善悪の判断ができる人間の育成。同感だ。

　道徳は正解を求めない。考えて、考えて、しばし立ち止まって、行動する。間違えたら引き返す、やり直す。そこに学びがある。子どもの手本たる大人がそのように生きる社会は、胸躍らないか。

四

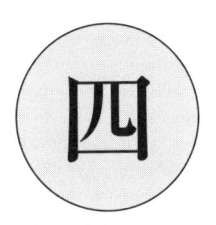

座談会：
道徳の教科化で拓く教育の可能性と課題

出席：押谷 由夫，貝塚 茂樹，西野 真由美，
　　　関根 明伸，柳沼 良太
司会：松本 美奈

道徳教育との出会い、研究のきっかけ

松本 本日は道徳の教科化ということで皆様のご意見をうかがいます。

　それでは、自己紹介から始めましょうか。押谷先生から自己紹介と個人的なプロフィールをお願いいたします。家族構成であるとか、道徳との出会いとか。

押谷 私は、田舎育ちで、道徳教育をことさら受けたという意識がないのですけれども、やはり親の後ろ姿とか、地域での生活、学校生活を通して、今の自分が形成されていることを実感します。そういう意味において、道徳教育の大切さというのは、ことのほか感じて大きくなったといえます。

　そして教員を目指して教育学部に入学した時、教育とは何かを真剣に考えました。広島大学学長であられた皇至道先生の『現代教育学』の副題にハッとさせられました。「幸福への道しるべ」と書いてありました。これだと思いました。

　では、今の教育は一人ひとりの子どもたちにとって「幸福への道しるべ」となっているのか。知識理解の教育に力点を置くかぎりにおいて、むしろ劣等感や不幸感を培っている子どもたちが多くなっているのではないか。ではどうするか。道徳教育を中核にすえて知識理解等の教育を行うべきだと考えるようになりました。文部省で道徳の仕事をやり始めて、学校現場では、みなさん道徳教育をしっかりやられていると思っていたのですが、実際には格差が大きいことに気付かされました。そういう意味で、道徳の教科化が今回の論議に上がっていて、これを機会に本当の道徳教育を再構成するチャンスではないかなと思って、今取り組んでいるところです。

松本 はい、ありがとうございます。それでは次に関根先生どうぞ。

関根 国士舘大学の関根です。私が最初に道徳教育の研究に関心をもったのは、二十数年前の韓国への留学経験がきっかけになっています。その時、両国の教育で最も象徴的なものを比較してみたらおもしろいのではないかと思って選んだテーマが道徳教育の比較研究でした。両国の教育観や教育内容の違いや特色は何なのか、あるいは互いに理解し合いながら学んでいけるものはないか、最初はそんな気持ちで両国の道徳教育に関心をもった記憶があります。

　また、現在は勤務校で教職科目の授業を担当しており、そのなかで道徳教育関連の科目も担当しています。いつも自分の授業の未熟さを反省しているところですが、でも同時に思うことは、現在の教職課程の履修体制は十分ではないということです。はたして、学生たちは今の教職課程で道徳教育をしっかり学べているのかどうか、とても疑問に感じるところがあります。

　ですので、以上のような課題意識から私も皆さんの議論に参加し、勉強させていただいております。以上です。

松本 ありがとうございます。西野先生お願いします。

西野 国立教育政策研究所の西野です。皆さんが小学生の時、道徳の時間はありましたか？

松本 ありました。

西野 そうですか。私も小学校時代に道徳の時間を経験しました。なんてつまらない時間だろうと思っていました。その思いが強かったので、大学に入った時、教職科目

「道徳教育の研究」の試験で、学校に道徳教育は必要ないと書いたことがあります。考えが変わったきっかけは、大学で生命倫理の研究にかかわったことです。現代の医療では、普通の生活をしている普通の人が、例えば不妊治療や病気になってどんな治療を受けるかという時、突然、自分で選択しなさい、と迫られるのです。ところが、そういう大事な選択を自分で決めていくということを私たちは学んできただろうか。自分で決めるということを学校時代に全然教えてきていないのではないか、そう思ったのです。だから、まず、子どもが自分の生き方を自分で決めていく、自分の生き方を自分で創っていくということ自体をもっと学校のなかで教えていく必要があるのではないか。そう思った時、ではその場とはどこなのだろうと。それは道徳教育、私が子ども時代につまらないと感じた道徳の時間なのではないか。そう思ったのです。それで道徳教育を研究しようと決めました。

松本 ありがとうございます。次、柳沼先生お願いします。

柳沼 岐阜大学の柳沼といいます。所属は、教職大学院で、ストレートマスターや現職の先生方を指導しています。私も子ども時代を振り返ると、道徳の時間は昔も今もあまり代わり映えしない気がします。例えば、「はしのうえのおおかみ」とか「泣いた赤鬼」「手品師」「絵はがきと切手」などは私も道徳の授業で受けています。そうした資料がいまだに同じようなやり方で十年一日のごとく行われていることに驚きを覚えます。そういう意味では、道徳の指導法はそれほど進歩してないのかなというイメージがあります。さらに、その授業がよかったかというと、微妙なところがあります。それぞれの資料で考えさせることはありましたが、どうしても、主人公の心情だけを追っていくので、思考の幅が狭められた感じがありました。道徳授業では、ほかにも野口英世や、田中正造、キング牧師とか、昔の偉人が出てくると、結構楽しく学べたような気がします。それはやはり実話なので、「自分の生き方」とか「人間としての生き方」を振り返る上で非常に役立ったと思っています。

その後、大学院時代からアメリカのジョン・デューイの教育思想を研究して、そのあと大学教員になってからアメリカの人格教育などを研究するようになりました。日本とかなりやり方が違うので、こんな多様なアプローチが日本にも導入されたらいいのにと思うことがあります。今、実際、現職の先生方と一緒に道徳授業でいろいろおもしろいやり方を開発するのですが、日本の学校ではいろいろ制約もあるのでたいへんなところもあります。道徳の「教科化」を契機にこうした点もいろいろ議論ができたらいいなと思っています。

松本 よろしくお願いします。次に、貝塚先生お願いします。

貝塚 武蔵野大学の貝塚です。私はもともと道徳教育そのものの研究をしていたわけではなく、研究の対象としたのは戦後教育改革史でした。アメリカの占領軍が、戦後日本の教育をどのように変革していこうとしていたのかに強い関心がありました。占領軍が特に注目したのが修身教育でしたが、教育の根幹である道徳教育をアメリカがいかに変革しようとしていたのか。修身教育に対する占領軍の評価は本当に正当なもの

だったのかを再検討することが私の研究の出発点でした。

端的にいえば、戦後道徳教育史が専門分野ということになりますが、研究を始めてみると大きな驚きがありました。具体的な研究対象以前に、戦後の日本、特に教育界には道徳教育を研究の対象にするだけである種の色眼鏡で見られるような、私から見れば非常に歪んだ言語空間が存在していたことです。この言語空間のなかで、道徳教育はこれまで本質的に教育学の課題として、つまりは子どもたちの教育のあり方、人間形成のあり方という観点から語られたことはなかったのではないかと思います。

初めのうちは、こうした言語空間それ自体がおもしろかったという面もあったのですが、徐々に、これではまずいなと思い直しました。教育の根幹である道徳教育が教育論として十分語られてこなかったことも異常ですが、そのことが現代の教育に対しても大きな負の遺産となっていると思えたからです。

歴史的な観点からすれば、道徳の教科化は、教育再生実行会議の第一次提言で初めて提起された問題ではなく、戦後60年以上ずっと議論されてきた歴史的な課題です。歴史的な観点から道徳教育の現在を分析し、今後の道徳教育のあり方を教育論として考えることが私自身の課題となっています。

松本 はい、ありがとうございます。では最後になりましたが、今日の司会をつとめます、読売新聞編集委員の松本美奈と申します。よろしくお願いします。18、13、3歳という二女一男の母でありまして、生産性は高いけれど、計画性はないという人間であります。

私は道徳をうさん臭いものだとずっと思っていました。私は小学校時代、不登校あるいは登校拒否という言葉もない時代に、学校に行けない長い時間を過ごしました。にもかかわらず、教室では先生が相も変わらず友達とは仲よくしましょうという道徳授業をやっていました。そういう内容のテレビなどを見ながら、そういう話を聞かされて、一体道徳ってなんだろうとずっと子どもながらに疑問を感じていた。だから道徳は大嫌いでした。でも、そのイメージを変えてくれたのが、取材で出会った現場の心ある先生たちでした。そのような先生たちが、人が人として生きるというのはどういうことなのかというのを一生懸命考えている授業をいくつか見せていただいた時に、道徳というものは、ひょっとしたら、私の心に残っているものが本来の道徳ではないのかもしれないと考え、取材を始めました。それが今の私の取材者として、ものを書く上での新しいスタンスになっています。

まずですね、今、貝塚先生から道徳の教科化の話が出ました。そもそもいじめの社会問題化、ここから、教育再生実行会議が道徳の教科化という提言を打ち出した。それが今回のこういう研究会のきっかけになったわけですね。それでは、道徳の教科化がなぜ必要なのか。今の道徳の時間ではダメなのか、まずそこから解きほぐしていきたいと思います。押谷先生お願いします。

道徳教育の現状をどう見るか

押谷 一言でいえば、格差が大きいということですね。その背景は何かというと、やはり自由度が高いということでしょうか。だから、本質をついて熱心にやられる先生は

大きな効果を上げられるけれども、いい加減というか、普通にやっているという場合は、なかなか効果が期待できない。道徳教育は生きる上での根幹となるものを育てるわけですから、道徳教育が手薄になっていけば、それだけ人間としての形成力が弱くなります。だからその根本に当たるところを、もう一度しっかりと指導することが重要で、それが今回改めて教科化という議論になってきていると思います。

松本 今、格差とおっしゃいましたが、それは教員の格差ですか。それとも学校、教育委員会、そういう組織間の格差ですか。

押谷 基本的には子どもたちと接する学校、そして先生です。この取組みの格差、これが非常に大きいといえると思います。それから教育委員会とか、かつての文部省、今の文部科学省とか、行政側は一生懸命取り組む姿勢を見せていますが、学校現場ではそれがうまく響き合っていないというのが、実態かもしれませんね。

具体的なことでいうならば、制度と意識のずれが問題になっていると思います。教育課程の構造では、道徳という領域を各教科よりも上位に位置づけているとしていますが、実際の現場の先生方の認識は逆で、教科よりも道徳の時間を軽視しているのが現実です。例えばある教科でまだ教え切れていない箇所があった場合、これを道徳の時間から振り替えることで補おうとしてしまうといった意識の問題が一つあります。

では、校長先生の意識はどうか。道徳をやらなければといっていながら、職員会議において、道徳主任あるいは道徳教育推進教師がいつ発言されるかといえば、最初の方ではなく、むしろあとの方になっていることが多い。そして、道徳主任の先生にどういう方が位置づけられるかというと、若い先生方というのが多い。それは若い先生が駄目というのではなく、それをカバーする体制を整えなければいけないのですが、そういうことがされていない。あるいは、教科等の予算などを配分する時に、そもそも道徳をその予算配分のなかに入れていないとか、あるいは入れていてもおざなりな形で入れていることもあります。

教育委員会にしても、各教科に対する教材等の補助が優先され、道徳に対する教材等に対する補助は後回しになる、そういうことをいろいろ指摘できます。

松本 西野先生も現場に指導に行かれていますよね。道徳の形骸化、形式化、パターン化ということがいわれています。これについてはどう思われますか。

西野 そうですね、今、押谷先生のお話のなかで、格差が大きい、それは自由度が高いためというお言葉がありましたが、私自身はあまりストンと落ちませんでした。学習指導要領を読むと、道徳はとても自由度が高いと思うのです。多様な展開が可能なように思えます。ところが、現場の先生方とお話をしたり、実際の授業を見たりすると、どこかに先生方には見えない縛りみたいなものを感じたり、持ったりしていて、これはやってはいけないのではないか、こういうことは道徳ではできないのではないかという思いがすごく強いと感じるのです。なにか見えない枠があり、その見えない枠が、先生方が本当にやりたいと思っていること、あるいは子どもたちが本当に授業で学びたいと求めているものを阻んでいる。

先生方に、どんな子どもたちを育てたい

ですかと、あるいは子どもたちに、どんなことを皆と一緒に考えてみたいですかと聞くと、さまざまな意見が出てきます。先生方も、子どもたちにこうなってほしいという思いや願いがある。ところが、道徳教育は、そういう思いや願いを実現する場になっていないのです。

学習指導要領には、そういう多様な願いや思いを受け止めるだけの用意があると思うのですが、そのように理解されていないようにも感じます。現状では先生や子どもたちが求めているもの、こういうことを学びたい、みんなと一緒に考えたいという思いや願いと、道徳教育をやらねばならないという意識の間に、なにかズレがあるようです。

自分たちで線を引いているのか、どこかで線が引かれてしまっているのか。教科化をめぐる議論をきっかけにして、そういう枠を取っ払って、もう一度、道徳の時間はどんな時間なのか、何ができるのか、その可能性をもっと拓きたいと私は思います。

松本 柳沼先生も以前からそれをお話になっていましたね。

柳沼 そうですね。実際に現場を訪問すると、やはり道徳授業はどこも同じように画一化され、マンネリ化している傾向があります。既定路線があり、そこに縛られているところがあります。なかには、創意工夫をして、いろいろ今日的な課題や生活経験のことを取り入れて多様な展開を試みる先生方もいらっしゃいます。しかしそうすると、「それは生徒指導みたいだから駄目だ」とか、「学級活動に近いから駄目だ」とか、さまざまな理由で「あれはいけない、これはいけない」と注意を受けることがあるのです。

学習指導要領やその解説書を読んでも、「これをしてはいけない、あれをしてはいけない」という規定はないはずですけども、「昔からそう決まっている」というところがあり、指導法を創意工夫しにくいところがあります。

各教科の方では指導法もいろいろ開発され、多様化したり、実効性を高めたりするわけですから、道徳授業でもそれを活かしていくべきです。そのあたりを目標や指導法や評価を含めて、総合的に再検討するべき時期に来ていると思います。

道徳授業のマンネリ化の原因は何か

松本 問題は学習指導要領にあるのでしょうか。そのパターン化、マンネリ化、形骸化というのは、学習指導要領が非常に難しい、それからシステムが硬直化している、そういうところにあるのでしょうか。貝塚先生はどう思われますか。

貝塚 今言われたように、私は学習指導要領にも検討すべきところがあると思います。確かに先ほどの押谷先生の話とか、皆さんのお話をうかがっていると、やはり現場の取組みに格差があるというのは、私もその通りだと思います。ある先生は道徳教育を一生懸命にやっている、しかしやっていない人は全くやっていない。総体的に言えば、道徳をやっていない先生方があまりにも多すぎるということが問題なのだと思うのです。

押谷先生のお話にもありましたけど、学校での道徳教育、あるいは道徳の時間というのは、やはり軽視されている傾向があるといわざるを得ません。その背景の一つに、学習指導要領それ自体の問題があることは

認めますが、それ以前に、学習指導要領を現場の先生たちが十分に理解していない面があるのではないでしょうか。道徳教育の目的、内容、方法などが、十分に理解されないまま授業が行われているという実態があるように思います。その結果として、道徳授業の形骸化や、慣例的なワンパターンの授業につながっているとも思うのです。

　先ほど、見えない枠という話がありましたが、学習指導要領を十分に理解していないために、自分で枠を勝手につくってしまっている。これをやってはいけない、あれをやってはいけないという自己規制をかけてしまって、授業そのものがうまく展開できなくなっているような閉塞状況に陥っているという側面もあると思います。

松本　閉塞状況ですね。問題を整理しますと、見えない枠、要するに教員自身が自己規制せざるを得ない、見えない枠が存在する。それから柳沼先生がおっしゃられた縛りの規定がとても多い、登場人物の心情のみを聞かなければいけないような授業だというような指導もあるというお話をされていましたね。そうすると、二つの縛りが存在している。一つは、見えない壁。それは学習指導要領をよく読んでいないために、もしくは読んでいても意味不明な文言が多いがために、見えない枠をつくっているというのと、柳沼先生がおっしゃるように、体制として体験はやっては駄目だ、心情だけを聞きなさいという、そういう枠があるということになるかと思います。その点につきまして押谷先生いかがでしょうか。

押谷　先ほど自由度といいましたが、自由であれば、新しいものを積極的に自分で開拓していこうという人と、どうしてよいかわからないので既存のものを受身的に取り入れていくという人が出てくる。そこに格差が生まれます。

　今のお話に出てきましたように、学習指導要領では、道徳の時間は教科よりもかなり緩やかにといいますか、幅広く解釈できるような記述になっています。それはよいことなのですけれども、そのことの弊害というのはまた出てくるのではないかというのが一つあります。

　そして、その自由度の最も根本的なことに話を進めると、道徳はやってもやらなくてもよいのだという認識、そういう自由度の認識もまたあると思うのですね。そういうやってもやらなくてもよいような自由度を現場にもたせるような雰囲気があるのではないか。と同時に、学習指導要領に書かれてあることが、ある意味ではばくとしていてわかりにくい。皆さん創意工夫してやってください的に委ねられている。つまり大きすぎて、逆に見えない壁をつくってしまうことや、ある人の言うことに従事してしまうとか、主体性が形成されないということが出てくるのだろうと思います。そのところを改善していく必要がある。それは道徳を教科化することにも通じてくると思っています。

西野　今のおっしゃり方だと少し誤解を招くかなと思うのは、教科ではないから、やってもやらなくてもよいっていう自由があるわけではないですよね。

押谷　もちろんそれはないです。ただし先生方の認識のなかに、いわゆる反対闘争のなかから道徳の時間が出てきたのだという意識が残っていることも否定できないと思うのです。むしろ、やらない方がよいことだ

とする先生もいます。教科はやらなくてもよいとは考えませんね。算数も、国語もやらなくてもよいなどと、誰も思わない。しかし道徳の時間はやってもやらなくてもよい、そういう意識をもたせてしまうような雰囲気がある。もちろん、学習指導要領などには道徳教育をやらなくてはならないと書かれています。つまり先生方の意識の自由度が学習指導要領の規定を踏み越えて勝手な認識をしてしまっているという現状があるように思います。

なぜ道徳の教科化なのか

松本 なぜ道徳を教科化しなくてはいけないのでしょうか。現在、「扇の要」のように道徳の時間があって、学校の活動の全てに道徳教育を盛り込んでいきましょうとなっているはずですよね。別に教科化しなくてもできるのではないかと、現場の先生たちはおっしゃる。もっともです。なぜ教科化なのか、やはりそれが多くの人には納得できないと思うのですよね。これについてはたしか、貝塚先生はかつて教科化反対という論陣を張ってらっしゃったと思うのですが、先生はどう思われますか。

貝塚 学習指導要領に書かれている内容を踏まえて、道徳教育がきちんと行われていれば、別に教科化する必要もないし、教科書を作る必要もないと思っていました。しかし、実態はそれほど楽観的ではないことを痛感いたしました。

　先ほどの格差の問題でいえば、実際には何をやっていいかわからない、どう授業をしてよいかわからないという先生方も非常に多いわけです。そのような先生にかぎって、やってもやらなくても同じではないかというふうに思っている傾向があるように思います。しかし、そもそもやっていないのだから、やってもやらなくても同じだっていうことを言えるはずがないわけです。やっていないわけだから、効果を測れるわけがないのです。これでは、教育基本法や学習指導要領に掲げられている教育理念や目的を達成することは到底できないのです。

　つまり、学校の道徳教育の要であり、ほかの領域とも補充、深化、統合していかなければならないという道徳の時間の機能が非常に弱いのです。教育基本法や学習指導要領の目的を実現させるためには、道徳の時間を強化しなければならず、そのためには教科化することがどうしても必要になってくると思います。

松本 うんうんと頷いている関根先生、そうですか。

関根 私は現実的な問題を考えていくと、やはり教員養成の問題にもつながっていくのかなと思います。といいますのは、多くの先生方がすばらしい「道徳」の授業をきちんとなさっている一方で、毎週１時間の授業がなかなかやれない、あるいはやらないという先生方もいらっしゃって、そのなかには「道徳を教えるのが難しいし、準備がたいへんだ」という苦手意識をもっている方も多いのかなと思うのです。「そもそも道徳教育は何をどんなふうに教えたらいいのか学んでいないし、わからない」という不安。それはずっと突き詰めてみると、大学の教職課程にも問題があるのかなと思うわけです。

　現在の大学の教職課程では、「道徳」に関する科目は、「道徳の指導法」の２単位だけが必修になっています。２単位の授業

だったら基本的には90分の授業が15回ということになります。つまり、「道徳」については、4年間でたった1科目の授業を受けるだけで教員免許を取得することになります。そして採用試験を受けて合格して、先生になって担任になったならば、毎週1回は「道徳の時間」の授業をしなくてはならないことになります。おそらく、多くの先生方は副読本の指導書や先輩の先生方からの指導を頼りに、現場で経験的に学びながら「道徳」の授業を実施されているのではないでしょうか。しかし、そもそも大学の教職課程できちんと道徳教育について学ぶ機会が少ない状況では、苦手意識をもってしまうのは当然なのかなとも思ってしまいます。

　現在の教職課程で教科教育に関する科目は、大きく分けると教科の内容について学ぶ「教科に関する科目」と、教科の指導法について学ぶ「各教科の指導法」が関係しますが、「教科に関する科目」のなかには「道徳」の内容について学ぶ科目がありません。なぜかというと、単純にそれは「道徳」が教科ではないからということになります。「教科に関する科目」が設定されていないために、履修生にとっても道徳教育について学ぶ機会が非常に少ないわけです。そういう科目や単位の不備もけっこう大きい問題なのではないでしょうか。

松本　なるほど。西野先生は教科化についてどう思われますか。

西野　難しい質問ですね。

松本　答えたくない？（笑）

西野　貝塚先生がおっしゃったように、学習指導要領に書かれていることを本当に実践できていれば、現状のままでも、本来、道徳教育が目指しているものが実現すると私は思っています。ですから、そういう意味では、なぜ教科化が必要なのかについて、こういう理由だから、と自分自身のなかですっきりと理解できていないのです。それはたぶん、私が現状でもたくさんのすばらしい実践に出会ってきたからかもしれません。道徳教育に熱意をもって頑張っていらっしゃる先生方はたくさんいらっしゃいます。それはもしかしたら、先ほど格差とおっしゃっていた、その上の方の先生方だったのかもしれません。

　確かにもう一つの現実もあります。大学の教職科目で、毎年、受講生の皆さんに過去に受けてきた道徳の時間について振り返ってもらっています。そこで出される感想や意見に、これまで大きな変化は見られません。いろんなことが話し合えてよかったという感想が少数ですが確かにあって、そういう意見を目にする機会は増えたかなという実感はあります。しかし、何をしたか全く覚えていないとか、国語と同じような時間だったとか、役に立つとは思えないという否定的な意見は、ずっと多いままです。

　このような声を聞くと、道徳教育を研究してきた一人として、これまでの道徳教育の推進施策によってはたして何が変わったのか、率直に評価しなければならないと痛感します。どうすれば学校の道徳教育が充実するか、何をすれば先生方の取組みを支援できるのか。さまざまな方策を考えてきましたが、大きな変革にはつながらなかったということを真摯に受け止めています。

　じゃあ、先生方がこれならやってみようとやる気を出せたり、学校として取り組みやすくなったり、そして、本当の意味で先

生方の思いや願いを実現できるような枠組みをどうしたら創れるのか。今までのやり方で実現してこなかったということは認めなければならない。そう考えてくると、今までとは違う取組みが求められることになる。そして、教科化もその一つの道なのではないか。その可能性を真剣に考えてみようと思った。それが今の私の位置です。

松本　柳沼先生、先ほど非常に授業が画一化していると言われました。創意工夫の余地が非常に少ないとか、体験学習がしにくいとご指摘されていました。それを解消する手段の一つは、やはり道徳の教科化とお考えですか。

柳沼　そうですね。道徳は一つの「領域」であるため独自にルールを作り、「教科」の論理を排するところがあります。それでいて、道徳授業は、道徳教育全体の要であり、各教科より上位にあると誇らしげにいわれることもあります。それゆえ、道徳が「教科化」されると、格下げになるという見方もできます。しかし、道徳は本当に各教科より上位にあるのだろうかと考えると、現実的には違うと思われることも多いですね。

松本　先ほど押谷先生が言われた、予算の配分の問題であるとか。

柳沼　そうです。教科より予算配分も少ないですし、教科書もなければ、専門の免許もなければ、評価もない。それゆえ、教師もやる気が出ないし、実効性もないということになる。こうしたマイナスのスパイラルが起きてしまうのです。こうした課題を一つずつ改善していくためには、道徳の「教科化」を考えた方がよいという気がしています。

　今回、学習指導要領を繰り返し読んで思ったのは、ほかの教科と比べると、道徳は目標や指導方法や評価が非常に特殊になっているということです。それは道徳が特殊な「領域」だから許されることです。道徳も教科化されることによって、他の教科と同様に、科学的で学問的な体系を築いていく必要があると思います。

　それに道徳を教科化すれば、他の教科のように、「もっと楽しくて、ためになり、学問的背景のある授業にしよう」と、いろいろな研究者が多方面から自然と集まってくると思います。

松本　なるほど。押谷先生、道徳をなぜ教科化すべきなのか。そこはやはり多くの先生が知りたいところですよね。

押谷　先ほど先生方に道徳に対する意識の格差があると申しましたけれども、学校の現状を見てきた時にやはり、教科と領域の格差が歴然としてあると感じます。

　柳沼先生から、もっと研究を進められる教科にすることも課題ではないかというお話がありました。旧国立大学の教員養成大学の教員配置を見ていますと、各教科では専門的にかかわる教員が5〜6人おられるのですが、道徳に関しては、教育学講座があり、そこに一人おられるかどうか、また生徒指導とかかわって一人おられるかとか、そのような状態です。

　教育のなかで道徳が特に大切である、教科より上位だといっても、実態はそういう状況下にある。だからもっとしっかりとカバーしなければなりません。また、先ほど道徳の時間は教科書を使うのではなくて、教材を先生方が開発して、いろいろ工夫ができるという自由度があると言いましたが、やる気のない先生はそんな面倒なことはや

らない、あるいはあるもので適当にやってしまおうっていうことになりますね。
　だから、教科書が無料で配布されるとなれば、それは確実にレベルが上がると思います。ただし従来の教科と同じような概念で教科書をとらえると、今度は逆に自由度がなくなって硬直化してしまうということにもなります。私は道徳の授業では教科書の3分の2は使うが後は学校の自作資料やさまざまなところから探してくるというようにすればいいと考えています。
　週1時間しかない、しかもそれがたいへん大きな役割を果たすとするならば、先生方の努力ばかりお願いするのではなく、人も物も金も投入して応援すべきだと思います。各教科以上にそういうことをやり、後押ししていかないと、その本来の機能を発揮できない。そのための教科化であるととらえます。そのことも含めて私は「特別教科道徳」という名称を提案しています。

松本　教科化の必要性はよくわかりました。過日、読売新聞の世論調査で、教科化の是非をアンケートしたところ、84％が賛成しました。それに対して、別の調査で教員を対象に同様の教科化の是非を尋ねたところ、賛成はわずか22％だったのですね。この差をどうとらえたらよいのか。どう思います、西野先生？

西野　まず一般の方が賛成という場合、教科化をどんなイメージでとらえているのでしょうね。もっと充実してほしいという意味なのでしょうか。

松本　効果を期待しているようです。他人を思いやる心が育つ、それから社会規範が身につく、いじめ防止につながる、このような理由で子どもの情操面に好影響を与えるだろうという期待がこの賛成に回っているのですね。一方で、反対する教員のコメントを見ると、人間の価値観を一定方向に誘導することは教育といえるのか、いじめ解決に道徳は有効とは思えない、評価や指導はするべきでない、教科にして一律に教え込むようなことになると自ら考え感じて行動する力は育成されないと、デメリットを懸念する声が多いですね。

西野　一般の方の賛成の声は、広い意味での道徳教育への期待の表れですね。道徳教育は大事だからもっとしっかりやってほしいという社会の期待でしょう。
　歴史的経緯の話を先ほど押谷先生がなさいましたね。今回の調査でも、学校で道徳を教科として教えてよいかという意見が出てもおかしくなかったと思うのですが、そうでないとすると、社会からの道徳教育への期待がいかに大きくなっているかを物語っています。その一方で、学校の先生方の声は、本当に教科化して効果があるのか、そんな疑問や不安など揺らぐ気持ちが大きいことを示しています。その声もしっかり受け止めるべきです。つまり、教科化すると、こういうふうに変わるのだと、もっと先生方に対して積極的に語らないといけないと思います。

道徳の教科化は「修身の復活」か

松本　やはり先生たちの不安の声の根底には、「修身の復活」というのがあるのでしょうか。それについては、歴史的な観点から貝塚先生、それから押谷先生からお考えをお聞かせ下さい。

貝塚　確かに一般的にいえば、修身に対するイメージは非常によくないです。しかし、

このイメージもあまり根拠がないと思います。昔の修身はよかったという人も、昔の修身のような復活はけしからんという人も、実は両方とも修身科の実態をわかっていない。修身の教科書すら読んでいないような人たちが、根拠の乏しいイメージだけで語っている。例えば、修身教育はけしからんという人たちのなかには、修身科によって国家が子どもたちの心を支配して、それが戦争につながっていったのだという人がいる。また逆に、修身科は過去の遺産だという人もいます。おもしろいことに両者に共通しているのは、戦前までの修身というのは、非常にうまく機能していたのだということが前提とされていることです。

ところが、この点はかなり疑わしい。歴史を紐解いてみると、当時にあっても修身科は十分機能せず、その形骸化の克服が教育の大きな課題でもありました。つまり、修身科も実は形骸化していて、どうしてよいかわからない暗中模索のなかで、教師たちも、教育学者もいろいろ苦労していたのです。

とすれば、それでは修身科がなぜ形骸化していったのかということを十分に検証して、その失敗から学んで、戦後の新しい道徳教育はどうあるべきなのかということを考えることも必要であったと思うのです。むしろこうした手続きを経なければ、本当の意味での新しい道徳教育の創造というのはあり得なかったはずなのです。しかし、先ほど申し上げたように、修身科はけしからん、あれは軍国主義の象徴だという根拠の乏しいイメージによって全否定されてしまったために、修身科の功罪を学問的に検証する機会は戦後の日本ではなかったわけです。

つまり、本来なら修身科の功罪の検証が土台となって戦後の新しい道徳教育を考えるべきなのに、その議論の土台が形成されなかった。土台のないところで議論をしても堂々巡りが繰り返されるだけです。戦後教育は、子どもたちにとってのあるべき道徳教育像を今になってもまだ描き切れていない。ここが根本的な問題なのではないかと思います。歴史的な検証を十分踏まえた上で、修身科の失敗からも十分学んだ上で、何が本当に必要なのか。今度新しく構想されようとする教科化には、修身科の失敗から何を学び、どう活かしていくのかという観点からの議論がどうしても必要となってくると思います。

道徳の教科化によって先生たちが達成感や成就感を味わえるのでなければ…

押谷 この頃、現場の先生方の話を聞いていると、教科にすることによって仕事が増えるのではないかと心配される方が多いように感じます。教科が増えると自分たちの負担になるという意識があるように思ったのです。今でもたいへんなのに、評価とか、指導法など、負担が増えてくるという意識です。

だから、そうじゃないですよということをしっかりアピールしていかなければいけない。道徳を教科にすることによって、生徒指導の面においても、学習指導の面においても、すごく効果が上がっていきますよということを主張したいのです。

そしてもう一つ、修身科への回帰に対する危惧の念に対しても、そうではないですよと発信していかなければなりません。戦

前の修身は、基本的には教育勅語をいかに子どもたちに教えていくかを中心に行った。要するに勅語主義ですね。しかし戦後は法律主義ですから根本的に異なります。だから、同じ内容のものがあったとしても、天皇陛下がおっしゃっていることを実践するのではなくて、法律の枠のなかで検討されて、国民の総意として検討されたものなのです。勅語主義における道徳と、法律主義における道徳では仕組みが違います。

さらに、修身の場合は、道徳律と行為を結びつけて、一体化してとらえているところがあります。今度の教科化では、道徳心はしっかり育てるが、行為は子どもたちが主体的に考え判断し実践できるようにすることを目指しています。

それと評価においても、修身の場合には、優良可の評定がありました。今度の道徳では、評定はせず、子どもたちを勇気づけるような、肯定的によさを評価するようなものにしていこうと提案されています。

また、生活のなかから課題を見いだしながら、道徳心を養っていくような指導も重視します。そしてその指導は、道徳を要として、関連するほかの教科等や日常生活と響き合わせながら行うことになります。道徳的価値の意識をしっかりとはぐくむことが大切であるということは共通するけれども、根本的仕組みにおいて、評価において、指導方法において、異なるわけです。そういう部分をしっかりとアピールしなければならないし、そういうことをしっかりと位置づけた教科化でなければならないと思います。

松本 教科になることで負担になると先生が感じていらっしゃるというのは重要です。

西野 今までやってこなかった先生からすると負担は増えると感じられる。だから押谷先生がおっしゃった、負担が増えるのではありませんよ、実はそれによっていろいろなことが機能していく、学校がよくなっていく、子どもの力が伸びていくという面をもっと強調する必要があると思います。

先生方の負担感は道徳だけではありません。かなり以前から先生方の多忙化が問題になってきました。いろいろな教育施策が出て、それが全部、「先生たち頑張って」となっているために、先生方がたくさん抱え込むことになってしまう。

先生方は子どもたちへの願いや思いをもっているからこそ、先生になられたのでしょう。そういう先生方をどうしたら支援できるか。それこそを考えなければなりません。先生方は、子どもたちをよくしたい、伸ばしたいと思っています。子どもたちも、よく生きたい、行動にどう表れるかは別として、人としてよく生きたいという思いはもっていますよね。その両方の思いをどうしたら活かせるか、そのためのシステムを創らなければならない。

やりたくないのにやらされるとか、こんなこと本当に効果があるのかなと思いながらやっていると、負担感は大きくなります。それに対して、運動会の準備をするとか、修学旅行の計画を立てるとか、たいへんだけれどそのなかで子どもの笑顔が見える、子どもの頑張りや成長が見られた、そんな時に、先生たちはそれを負担だから嫌だとは言わないですよね。

松本 つまり達成感が上回った時に、負担感が軽減されるということですか。

そうすると大事なのは、達成感が感じら

れるような目標設定であるとか、それを可能にする手法や体制が必要だということですね。

貝塚 それについては、私も同感です。道徳が教科化されると、形式が決まってしまって、自由度がなくなってしまう。教師の負担が増えてますます忙しくなる。どうもそんなイメージがあるように思うわけです。

しかし、教科になることによってやるべきことが明確になってくるわけですから、むしろ負担は軽減されるといえないでしょうか。なぜなら、何をやってよいかわからないで、モヤモヤしながらやっていることで負担感と疲労感が高まるからです。やるべきことが明確にわかっていれば、確実に負担感と疲労感は軽減されると思います。

今回の教科化の目指すところは、一生懸命やっている先生の実践の幅を狭めようとするのではなく、むしろこれまで以上に優れた実践を行っていただくと同時に、自信のない先生にはやるべき内容を明確にするという両面があると思います。

道徳の教科化で何がどう変わるのか

松本 なるほど。ここで一回整理しますね。教科になることで教科書ができ、教員免許の養成課程が整備され、評価の問題が出てくる。この三つが出てくるのですね。そして、道徳でやるべきこと、そして教員養成もきちんと整理することによって、現場の負担感が軽減されるというのが、今の貝塚先生のご意見ですね。柳沼先生どうぞ。

柳沼 道徳が教科化されれば、当然ある程度まで予算が配分されますし、加配教員をつけてもらえる可能性も出てきます。そうなれば、道徳を教科専任とする教師、もしくは道徳教育推進教師に時間的・精神的な余裕が生まれ、やれる範囲が広がります。さらに、道徳教育推進教師に手当をつけたり、指導者的な立場につけたりすれば、制度的なレベルでも改善が進むと思います。

また、先ほど「いじめに効果がないから、道徳教育をやっても仕方がない」という考えもありましたけれど、現在の指導法では効果がないのなら、効果がある指導法に変えていけばよいと思うのです。これまでの指導法の効果をきちんと検証して、実効性のあるものに切り替えていけばよいと思います。

評価については、抵抗を覚える人も多いようですけども、別に、子どもの心をテストして、数値で成績評価をつけるわけではありません。評価は、子どもたちの道徳性の成長・発達を認め励まし、その指導法を改善するために大切なものです。そのため、信頼できる評価にするためにも、各教科のように評価の観点や規準を明確にし、所見で記録を残し、道徳の目標や指導法対応させていくべきだと思います。

松本 道徳の教科化について、皆さんが現状のなかでご指摘になっていた格差、教員同士の格差であるとか、学校、教育委員会間の格差、それから現場で起きている画一化、パターン化というのが解消されるということをお考えですか。関根先生、韓国では教科化によって格差であるとか、画一化っていうものはなくなったのですか。そもそもあったのかどうかもわからないですけど。

関根 韓国の場合は、1973年から正式な教科の一つになっています。ですので、今年でだいたい40年の教科教育の歴史があります。先生にとっては「道徳」は普通の教

科と同じような扱いなので責任がありますし、「道徳」の授業をやるのが当たり前になっています。韓国で「道徳」の授業をしない先生は、まずいないと思いますね。

　それで、パターン化とか画一化とかについてですが、むしろ韓国の場合は良くも悪くも大統領が変われば教育政策も変わるというぐらい、しょっちゅう教育改革が実施されているような状況です。韓国は日本以上に少子化が進んでいるし、校内暴力やいじめの問題、体罰の問題など、日本と同様に深刻な問題が数多く発生しています。例えば、2011年の年末には、国民にものすごい衝撃を与えた事件が発生しました。「いじめ」が原因で、1か月間に全国で3人の中高生が連続して自殺してしまったのです。韓国では、いじめの問題は学校教育の問題というより、犯罪の問題として扱うべきだというのが一般的な世論のようです。しかし、そうはいっても学校の教育も等閑視するわけにはいかないということで、2012年には、マイナーチェンジですが2011年に改訂したばかりの「道徳」の「教育課程」がすぐに改訂されたということがありました。韓国では、2000年代から現代的な青少年の問題、例えばインターネット中毒の問題やネットいじめなど、新しい課題も道徳教育の内容に入れています。もちろん道徳的心情を大切にする心の教育もやりつつ、同時に現代的な課題にも対応していこうとしているのです。ですので、画一化、パターン化というよりは、むしろ社会や子どもの変化に迅速に対応していこうとする傾向が強いような気がします。

　もし、日本で「新しい枠組み」での道徳教育ということを考えるならば、部分的には、教科の枠を超えた現代的な課題を扱ってもよいのではないかと思います。

松本　教科化はゴールではないと。教科化だけでは、実のある道徳はできないということですよね。

関根　はい。教科化が目的ではなく、教科化することで子どもたちに何をどのように道徳教育として伝え、考えさせていくべきなのか、中身の議論と検討が必要になるかと思います。

押谷　韓国は道徳教科化の先輩です。そこから学ぶことはいろいろあります。中学校は道徳教科の先生が指導する。そしてまた評価も点数評価的から記述式になっていったとか、さまざまな変遷がありました。そして教科書も国定のものから検定になったんですね。

関根　そうですね。小学校は現在も国定教科書ですが、中学以降は検定教科書になっています。

押谷　教科書検定で、自由度がまた出てくると思います。最初に自由度があまりにも大きいから教科にして自由度をしぼることが必要だと言いましたが、それは先生方をがんじがらめにしていくというのではないのです。例えば教科書の場合で考えれば、貝塚先生がおっしゃったことなのですけど、重要なことは、教科書会社、教材会社に応援していただき多様な教科書を開発し選べるようにすることが大切です。

　各教科では、教科書があり、そして副読本があり、いろいろな教材が開発されています。道徳の時間はどうかといえば、教科書はありませんので、副読本にかかわって教材はあまり開発されていません。日本の学校教育を支えているのは教科書と教科書

にかかわるいろんな教材や副読本とかを出していて、総合的にバックアップしていることが大きいのです。そういうものが道徳が教科になることによって得られるのではないかと期待するのです。

　もう一つ、今、先生方にお願いしたいのは、義務意識、使命感です。例えば国語とか算数とかでは、とにかく教科書を基にしっかり指導しなければいけないという使命感、義務感みたいなものがあります。道徳もそういう使命感、義務感的なものが必要だと思います。それも先生方の意識改革になるのかも知れません。

松本　構造改革、人、物、金などをいくらやっても、先生自身に使命感とか義務感がなければ、意味がないということなのですね。

押谷　そうそう、そこなのです。

松本　そもそもいじめの問題でスタートした教科化の論議ですね。はたして教科化することによっていじめが解決できるのか。道徳はいじめ解決の手段となるのか、それについてお考えをうかがえますか。柳沼先生どうぞ。

柳沼　教科化すればいじめ問題を解決できるかといえば、やはりそれだけでは足りないと思います。そこには従来の学習指導要領やその解説書があるので、それが単に教科化によって強まるだけなら、課題はそのまま残ってしまうと思うのです。

　そこでの問題は、やはり目標、内容、指導方法のしばりが強いことです。多様な指導方法を勧める文言もありますが、目標や内容や方法が昔から固定化しているので、自由裁量の部分はそれほど大きくはないのです。いじめ問題にも対応させるならば、道徳授業を子どもの生活経験に結びつけて、問題解決的な学習や体験的な学習を十分に取り入れて、実効性のある指導を行う必要があると思います。

　従来のように登場人物の気持ちを聞くやり方も大事ですが、道徳の知識や技能を習得したり、道徳的な議論を深めたり、道徳的な行動や習慣に働きかけたりするような授業も工夫して、もっと多様で実効性のある方法に変えていかなければならないと思います。

　先ほどの関根先生が言われた韓国の道徳教育と関連をうけていうと、アメリカの人格教育は、巨額の助成金がつくため、必ずその教育実践を検証して、効果があれば続けるけれど、効果がなければやめるのです。ある一定の期間、２年とか３年とかの期間で区切って、いじめ問題等の効果があったかを検証するのです。そういう確かな検証やアカウンタビリティを日本でも取り入れる必要があると思います。

　それから、アメリカの人格教育で多様な指導方法が取り入れられているのは、NPO団体や大学の研究機関がいろいろな指導方法を広く提供しているからです。いじめ問題に関しても、各団体や大学でさまざまないじめ防止教育プログラムが開発されてきました。被害者に対する指導、加害者に対する指導、傍観者に対する指導、親に対する指導、さらに教師への研修をきちんと行っていくのですね。具体的な行動目標をきちんと立て、いじめの実態調査をアセスメントし、教育プログラムによっていじめがどのくらいなくなったのかを定期的に検証する。道徳も教科化すると、そういう実効性のある多様な方法が検討されてくると思います。

西野　ここで疑問を差しはさんでいいのかどうかわからないのですけど、よろしいですか。教科化することで、自由度が狭まる、縛りができるのでは、という先生方の疑問や不安の方はよくわかります。それに対していやそうではない、教科化することで多様性が広がる、とおっしゃられても、どうしてそうなのか、納得しにくい、わかりにくいのではないですか。そもそも学習指導要領の解説は、道徳の時間について、学習指導の多様な展開といっていますよね。

松本　ところが、多様化できないという現実がある。

西野　これまでずっと多様な指導の必要性を強調してきたのに、なぜそれが実現しなかったのでしょうか。これは、最初に申し上げた枠の問題でもあります。

松本　見えない枠の話ですね。

西野　教科化して見える枠をつくると、これまであった見えない枠が取っ払われて自由に、多様になっていくのでしょうか。その確信が私には持てないのです。

押谷　多様化においては、いろいろな研究が必要です。学校レベルでは、経験則でやりますので、皆自信がなく、だから広がらない。そして批判されてしまう。でも、柳沼先生のお話のように、大学などの研究機関が充実してくれば、そこで学校現場と一緒に研究として取り組むことで、学校現場での本当の意味での多様性が担保できるのではないかという気がします。

それともう一つは、道徳の時間の授業研究は、結局1時間の授業をどうするかに8〜9割方集中しています。1時間をどれだけこねくり回しても、労力の割に効果があるとはいえないと思うのです。もちろんそれはベースでありますが、例えば学級経営でいろいろなことをやります。そのことによって子どもたちの発言も変わってきます。道徳の授業は、そういう過程のなかでとらえるものだという点を考慮した研究をしてほしいのです。

昭和33年に道徳の時間が設置された時に、学校現場にどのように通知したかというと、「教科以外の活動」（小学校）や「特別教育活動」（中学校）時間のなかの1時間を、毎週、計画的に道徳的価値意識をはぐくむ指導に充ててくださいというものでした。つまり、日常生活とのかかわりをしっかり押さえて指導してくださいということです。

また、生活科が平成元年に設置されましたが、当時、文部省の熱海則夫小学校課長が、「押谷君、生活科は道徳教育を充実させるためにつくったのだよ」と言われました。道徳は体験をしながら自分で考えたり調べたりすることを通してはぐくんでいくことが大切です。生活科で体験を通して道徳的価値意識をはぐくみ、道徳の時間でしっかりと自分を見つめ道徳的価値の自覚を図っていく、そういうことが必要なのです。

平成10年には総合的な学習の時間が設置されましたが、それは生活科が発展したものと考えられます。平成元年に強調されました「豊かな体験による内面に根差した道徳性の育成」という言葉をもう一度吟味してほしいのです。

各教科等の学習活動や日常生活で道徳的価値の耕しを行う（豊かな体験）。そしてそれらと響き合わせて道徳の授業を考える。道徳の授業で道徳的価値の自覚を深めて、

さまざまな教育活動や日常生活のなかで道徳学習を発展させていく。このような一連のプロセスを考えて道徳の授業研究を行う必要があると思います。1時間の指導のみをこねくり回しても限界があると思います。

西野 でも先生、それだと道徳の時間から教科になっても、1時間の指導が変わらないのではないですかということになりますよ。

押谷 そのことを理解するための説明がもう一つあります。平成元年に道徳の指導内容項目が再考されて、重点化されたのです（その時は小学校低学年14項目、中学年18項目、高学年22項目、中学校23項目）。重点化したために内容項目が少なくなりました。ということは、そのなかでさらに重点的に指導する内容については、年間に3～5時間くらい関連をもたせて指導できるということなのです。

そういうゆとりのなかで、他の教科とのかかわりもまた考えながら指導していくことが求められています。だから、本来は1時間の枠だけれども、多時間扱いを工夫することもでき、より効果的な指導もできる、本来の道徳教育が提供できます。それでは理想的には道徳を週何時間必要なのかといわれると、問題解決的な展開をしっかりやっていこうと思ったら、やはり3時間はいると思いますね。

松本 週に3時間ですか。週に3時間、それはいいですよね。

押谷 そういうことを言うと、新聞の見出しになってしまう（笑）。

西野 道徳教育を学校教育全体で実践していくために、今次の学習指導要領は、各教科において、それぞれの教科の特質に応じて道徳教育を行うという文言を入れています。そういう点では、各教科においてもその特質を活かした道徳教育が展開され得る、3時間どころか全部の時間に道徳教育の要素があるともいえます。だから、道徳という単独教科で頑張ろうとすればするほど、1時間では足りないとなってしまいますけれども、各教科と道徳の関連性を意識すれば違ってきますよね。

押谷 それが大切だと思うのです。その認識がないといけないのです。逆に多くの時間をとることによって、単純に市民科とかになっていくと困ります。そのあたりも考えなければいけないでしょうけれども、現実としては、道徳は週1時間か、例えば40時間とし（5時間増やすことによって週2時間行ったり、2時間続けての指導なども考えられます）、他の教育活動や日常生活と関係性をもたせてというのがよいと思います。

松本 そうすると、道徳専門の教員免許を持った先生だけが授業をするのではなく、全ての先生が道徳をやるということですね。教員養成の課程を充実させて、教員はみんな道徳の免許も持っていますということなのですね。

押谷 私は教師全員が道徳免許を持つことが願いなのです。例えば、小学校の免許を取得しようと思えば、今までの所定の単位を取るだけではなくプラス道徳教育科目を8単位取る。すると小学校教諭の免許と同時に道徳免許がもらえる。つまり、道徳免許と一緒でないと免許は取得できないというようにすればどうかと考えます。このことを実現しようと思えば教員養成大学や学部には、道徳教育担当の教員が2～3人は必要になるでしょう。そのことで道徳教育の研究体制や研究者養成も進展します。

道徳の教科化で現代的課題にどう対応するか

松本 西野先生もお書きになられている、現代的課題にどう対応するかという話ですね。金融教育とか、福祉教育、環境教育、いろいろななんとか教育がたくさんあり、それではそれをどこの時間でやるか、みんな時間の取り合いですよね。教科化になったとしても、なんとなく関連しているのは道徳ではないのかなというのがわかりやすい。そうなったときに、教科化した道徳にいろいろなものが流れ込んできて、道徳はどうなってしまうのだろうと危惧します。

西野 道徳教育は学校が主体となって計画して、実践していくものだと思います。いろいろな課題が学校に対して押し寄せてきますが、その全ての課題について一律的にどの学校でもやってくださいということではなく、学校が主体的に、この地域のこの学校の子どもたちには、この課題を重点的に学ばせたい、考えさせたいと判断して決めていく。現代的な教育課題への取組みも、学校が主体的に選択して進めるべきです。

　例えば食育に重点的に取り組む学校があるとします。そのなかで、栄養教諭の先生から食生活と健康について学ぶ、地域の特産物について調べて地域の伝統や働く人々への関心を深める、環境と食の安全について考えるなど、一つのテーマがさまざまな現代的な教育課題の学習へ広がっていきます。それが学校の創意工夫を活かした特色ある教育活動にもなります。その学校ならではの活動を道徳教育に結びつけて、道徳教育の目標や重点を学校が決めていく。そのプロセスこそが学校の主体的な教育活動なのです。

松本 わかりました。現代的課題といえば、まさに先ほどの話に戻りますが、いじめの問題ですね。これはまとめの部分になりますので、この道徳の教科化はその要請に応えられるのか、貝塚先生いかがですか。

貝塚 応えられるか、応えられないか、まだできてないのでなんともいえませんが、応えなければいけないとは思っています。

松本 応えなくてはいけない。

貝塚 なぜなら、今まで道徳の時間だったのが教科になっても何も変わりませんでした。教科になって今までよりもっと悪くなってしまいましたという状況は困るわけです。そうすると、今までのように、いじめの問題は道徳の実践力の問題ではない、道徳の時間の問題ではなく生徒指導の問題だという対応はできなくなります。学習指導要領だけの問題としても道徳の時間は、道徳教育の要であり、各教科や他の領域を補充、深化、統合するわけですから、生徒指導の問題も全部含めての核にならねばいけないのです。

　したがって、深刻ないじめの問題に対して、教科化された道徳が無関係では済まされない。いじめにどう取り組むのかは道徳教育が切実に考えなければならない課題です。そのための制度づくり、授業づくり、教材開発が必要だと思います。

　さっき言いましたように、道徳が教科になっても、今よりもっと悪くなってしまったでは困るわけで、そうならないための枠組みづくりが重要になってきます。いじめに象徴される現代的な教育問題に対応できる制度設計が求められるわけで、またそうした制度設計をしなければいけないと私は

思います。
松本 柳沼先生いかがですか。
柳沼 現代的な課題に対応していかなければならないし、特にいじめ問題には対応していかなければいけないと思います。しかし、従来のように資料を読んで、「その時の被害者の気持ちはどうだったろうか」と聞くだけでは、実際の日常生活や道徳的実践には反映しないという弱さがあろうかと思います。そういう現代的で実際的な課題では、もっと実際の問題を皆で話し合い解決していく学習であるとか、実際に問題が起きた時にどのような対処の仕方があるかということをロールプレイやスキルトレーニングで行う学習も、当然取り入れられてよいのではないかと思います。そうした子どもたちの日常的な経験にもっと関連づけて省察しないと、実効性はありません。

ただし、いじめ問題に関しては、かなり現実的で複雑な側面もありますので、いろいろな角度から見ていかなければいけないと思います。例えば、被害者の立場であれば、「どうやったらいじめから逃れられるか」「どうすれば親や先生に助けを求められるか」という現実的な発想もしてよいのです。加害者の立場であれば、ただ反省させるだけでなく、「どうすれば人をいじめたくなるマイナスのエネルギーをプラスの方向に変えていけるか」を考えさせる。例えば、生徒会活動やボランティア活動を通じて学校を改善する活動に参加してみるとか、自他理解をするようなエンカウンターをやってみるとか、ポジティブな方に心を向ける指導法がいくらでもあります。傍観者であれば、「下手に助けに入ったら、自分が今度はやられるかもしれない」という恐怖感がありますので、「どうすれば先生や大人に報告・連絡できるか」「皆と一緒に助けに行けるか」などいろいろ考えられます。そういうことをきちんと道徳授業のなかで、直接・間接的に考えることは有意義だと思います。

松本 わかりました。西野先生どうですか。
西野 まず、道徳の教科化だけでいじめの問題が解決するわけではありません。いじめの問題には複数のアプローチが必要です。そして、いじめが教師の目の届かないところで起こっている以上、それらのなかでもいちばん核となるのは、いじめを許さない集団を育てていくことだと思います。もちろんそのために道徳教育は積極的な役割を果たさなければなりません。

一つ例を紹介させてください。文部科学省は長い間、いじめ問題に取り組んできましたよね。その間、文部科学省が一貫して発信してきたメッセージは、いじめは絶対許されないということだったと思います。いじめられている側に、被害者の方に何か問題があるのではなくて、いじめるということ自体が絶対駄目、そういうメッセージを毅然とした態度で発してきました。

しかし、大学の授業でいじめ問題を扱うと、いじめの原因の一つとしていじめられている子どもに問題があり、それを直さなければいけないという意見によく出会うのです。これは私にとってたいへんな驚きでした。いじめられている子の問題ではない。誰でもいじめられる可能性があるんだ。どの子どももいじめられる可能性がある、どの子も被害者になり得る。だからいじめは被害者の問題ではない。そのメッセージは学校にも浸透しているはずでした。それな

のにずっとそのメッセージのなかで育ってきた大学生の皆さんが、やはりいじめられている側に何か問題がある、そう答えているのです。彼らの意見を聞いた時、なぜメッセージは伝わらなかったのかと考えました。もしかしたら、いじめは絶対駄目、被害者が悪いのではなくいじめる方がいけない、そんなメッセージをただ伝えるだけでは、単なる教え込みや押しつけにしかならなかったのではないか。押しつけられた子どもたちは、表ではわかった、そのとおりだと言うけれど、陰では、いや、やっぱりいじめられている側に問題があると思っている。

　そんな子どもたちの本音を引き出して話し合う場、本音で語り合って一緒に考えて、そのなかで納得して自分の考えを変えていける、そんな場所が学校教育のなかにはなかったのではないでしょうか。本当は、道徳の時間がもっと本音で話し合える場、もっとお互いの意見を戦わせる場であってほしかった。でも、それができずに、結局建前を先生が教えて、子どもたちもその建前のきれいごとをわかったような発言をしているけれども、本当は納得してない。ああは言っているけど、本当は違うよね、と思っている。そこを変えなければ、いじめの問題に向き合うことにはなりません。だから、本当に先生たちと子どもたちが本音で話し合える時間が実現するなら、きれいごとではなくて、本音で考えられる時間が実現できるなら、道徳はいじめ問題の克服に必ず貢献できると私は思っています。

松本　関根先生、先ほど2011年に韓国で大きないじめの問題が社会問題化し、そして改訂したばかりの指導要領を翌年に改訂したという話がありましたね。

関根　部分的な改訂です。

松本　部分的な改訂で成果はあったのですか。

関根　現在は「教育課程」の移行期間になっています。ですから、まだはっきりした結果とかはわからないかもしれません。ただ、中学校と高校の道徳の教科書は検定教科書へと変更されており、今年の3月からは新しい教科書で道徳教育が行われています。そのなかでは、いじめ対策とか、インターネット中毒の問題とかがどういうふうに扱われているのか、私も興味がありますね。検証はこれからという感じがします。

松本　教科書の内容を改訂しただけではなくて、それを地に足の着いたものにするために、ほかにどんな政策をしたのでしょうか。

関根　先ほどまでのお話にも通じるのですけれども、実効性のある授業ということが必要になっています。韓国の場合は、道徳教育の要素として、認知的側面と情緒的側面と行動的側面のこの三つを総合的に教えるべきであるとしています。ですから、心情的な問題や心の問題を話し合うのはもちろん大事なのですが、それにプラスして、知識や事実を踏まえた上で情緒的に感じたり考えたりし、そしてそれをいかに行動に移して実践していくのかという点までをセットで教えようとしています。事実に基づいて皆で解決していくためにどうしたらいいのかという点までを考慮しているんですね。つまり、道徳の授業時間が本当に実際に実効性のあるものでなければいけないということが前提にされているのです。

　日本の道徳教育においても、これまで非常にすばらしい授業実践をたくさん見てきました。全国には立派な授業実践を行って

いる良心的でまじめな先生たちが本当にたくさんおられると思います。ただ、現在扱っている教材や資料が、子どもの実生活や気持ちとちょっと距離のある場合もたまに見られました。もちろん、感動的な架空のお話や物語の資料も意味がないわけではありません。ただ、一方では子どもたちにとっては距離感のある遠い話にしか思ってくれない場合も多く見られるのです。ですので、これまでの授業の「よさ」も生かした上で、今後は身近な問題や実態をテーマにしながら、その解決法をみんなで話し合って探っていくような、そういうスタイルの授業がもっとあってもいいのかなと思います。

松本 押谷先生どうですか。

押谷 道徳的価値の自覚を深めるのが道徳の時間だということが本質だと思います。自分と向き合う、そのことによって自分の課題意識を自覚して、そこで自分を変えていくことができる。まさにそれが道徳の時間です。道徳の時間が教科になってもこのことを変えてはいけません。

先ほど、本音という話が出ましたけれども、それでは本音というのは、どういうものなのか。どこか弱い自分とか、いじめたくなるような自分ということを言うのも本音かも知れないけれども、でもそんなことは許せないよという自分も、また本音だと思うのです。

昨日、筑波大学附属小学校の加藤先生の研究会がありました。道徳の授業を公開されたあとの協議会に子どもたちも参加してくれました。4年生から担任が加藤先生になり道徳の授業を受けるようになったが、本物の道徳の授業を受けていると思っていると子どもたちが言うのです。それでは、3年生までの道徳は何だったのかと問われると、悪口の言い合いの授業だったというようなことを言うのです。だから、単に本音を出しましょうというと、子どもの意識ですから悪口になってしまうかもしれません。

だから本質は何かといえば、やはり人間として生きることの誇りのようなものが感じられる本音の話し合いが必要だということです。そこに道徳的価値意識の根源があると思います。道徳の授業でそういう価値意識をしっかりはぐくむこと、そのことを自分と向き合いながら培っていくことが大切だと思います。それは、人間としての誇りを自分のなかで培っていくことになります。少しでも高めようと追い求めていることに対する誇りですよね、その誇りを自分ももっていて、さらに高めようとすれば、いじめは人間として恥ずかしいことだという意識をもてるようになります。それは道徳の時間を積み重ねることによってできるのです。

そしてもう一つ。いじめの問題に対してじっくりと考え取り組みたい時に、総合道徳的な指導を重点的指導ということで位置づければと思うのです。要するに、総合単元的な発想ですけれども、いじめという問題を1か月あるいは2か月程度、いろいろな価値の側面から考えたりとか、学級活動や総合的な学習の時間も活かして計画する。

先ほど話題に出ました社会の変化に伴う現代的課題等に対する対応ですが、それらは皆、これからの社会をどう生きていくかにかかわって、〇〇教育という形で出てきている。ですから、基本は何かといえばそ

のことにかかわる道徳的価値意識をしっかりもつことです。現代的課題に関する学習を通して、自分としっかり向き合うことによって自分の誇りを培うこととかかわらせて、自分自身の課題をもてるようにしていく。具体的な課題に対して、調べてきたりとか、いろいろな話を皆から聞いたりとか、柳沼先生がおっしゃった、問題解決にまでもっていけるような学習をもっとダイナミックに考えていくことが必要です。それを例えば総合道徳を年に2～3回計画することで対応できると思います。そのことを必ず行うようにする、ということを学習指導要領に明確に記述する必要があると思います。

教科化に向けてのそのほかの課題

松本 わかりました。いじめも含めた現代的課題に対応できる、貝塚先生の言葉を借りると、応えなくてはいけない新しい枠組みでの教科としての道徳。それを支えるためには、学習指導要領の改定も必要ということになります。学習指導要領であるとか、その体制、人、物、金ですね。それから教員自身の使命感という問題も出てくるのですね。まだまだ課題はあるわけですよね。どんな課題があるのか1点ずつご指摘いただき、まとめたいと思います。

関根 ちょっと外れるかも知れませんけど、私は毎年、ある大学の教員免許の更新講習で講師を頼まれているのですが、そこで毎年感じることがあります。

現場の先生方と少しお話する機会があるのですが、お話を聞いてみると、先生方がいちばん恐れているのは多忙化なんですね。とにかく、文科省からは新しい政策が出てそれが出るたびに教育委員会を通じて指導がある。先生たちも大筋でその大切さはわかるし、理解している。でも最後に、「じゃあ先生方、理解しましたね。それではあとはお願いね！」みたいな感じの丸投げが多いというんですね。それでやるべき仕事がどんどん増えて、その状況に疲れ果てているという先生がとても多いと聞いています。そういう感想をたくさん聞きますね。ですので、教科化をすることで単に先生方の多忙化につながるというのではなく、授業がやりやすくなるような教科書や教材の整備が必要だし、それとともに学校全体の仕事のスリム化と効率化、子どもとかかわる時間や教材研究の時間の確保なども重要になってくると思います。今、学校がいろいろな問題を抱え込み過ぎているという部分もあるので、思い切ったスリム化をしながら、先生たちにとって、本当にやりやすくてやりがいのある道徳教育に変えていく必要があると思います。

松本 ありがとうございます。では、西野先生。

西野 道徳教育は、学校主体でつくっていくものだと思っています。「子どもの発達の段階に応じて」、「地域や子どもの実態に応じて」、と学習指導要領にもあります。ということは、目の前の子どもたちを見て、子どもたちをよく知っている学校でなければ、今、この子どもたちに何が課題なのか、何を育てたいのかがわからないですよね。だから、教科化でいちばん大事にしなければならないこと、教科化してもっと悪くなったって言われないために大事にしたいことは、独立した教科になって、学校が主体的に創っていく道徳教育の中核としての役

割をどれだけ確立できるか、ということです。学校のさまざまな教育活動や教科での学習と関連づけた総合的な実践をどれだけ制度として支援できるかということです。

　教科書は学校の外で作られます。これまでは既成の副読本だけでなく、子どもの実態に応じて教材を工夫する熱心な先生方もいらっしゃいました。そういう学校のなかから出てきた声を、どれだけ活かせる教科になるのか。なれるのか。実現すれば本当に新しい枠組みになります。

　そして、もう一つ。これまで生かされてこなかったのは、子どもたちの声です。子どもたちにだって、自分たちはこんなことを学びたいとか、みんなで一緒にこんなことを考えてみたいとか、授業への思いがあるはずです。だから、学校が創意工夫して道徳教育を創っていくという時には、先生方の願いも、子どもたちの思いも込めていってほしい。そして保護者や地域の期待、社会が求めるもの、これからの時代を担うこんな子どもたちを育ててくださいという期待もあります。学校がいろいろな声を聞きながらそれらをみんなで一つの形に創っていく実践こそ、私は道徳教育という活動だと思っているのです。

松本　柳沼先生どうですか。

柳沼　今、道徳教育の充実が求められているのは、いろいろな人がいろいろな要望を出しているからです。親のニーズ、社会的なニーズ、政治家のニーズ、行政のニーズ、教師のニーズ、子どものニーズなどが、かなり錯綜しながら大きく膨らんでいます。単にしつけのレベルを求める方から、昔ながらの方法を求める方、生徒指導上の問題解消を求める方、難しい道徳的考察を求める方までいろいろいます。現実的にどのあたりで総意をまとめていけるのかを冷静に見極める必要があります。

　道徳教育に関しては、「総論賛成、各論反対」という意見がよく出てきますので、具体的に各論のレベルで、どこをどう変えて、どこを残していくのかをていねいに見ていく必要があると思います。冒頭の議論でいえば、従来の「見えない枠」を可視化した上で、「新たな枠組み」で制度設計をやり直していくのです。そこでは当然ながら、道徳の目標から、内容、指導法、評価、道徳の教科書、教員免許、教員養成、研究者養成までつながっているので、すべてセットにして同時並行で話を詰めていくことが求められます。そういう意味で、この本では専門の異なる６人がいろんな角度から知恵を出し合うことで、道徳教育の総合的な制度設計を構想できたという点では、大きな意義があると思います。

松本　ありがとうございます。貝塚先生どうですか。

貝塚　道徳が専門教科でなかったことの弊害でいちばん大きいのは、学問的な理論体系が崩れたことです。ですから、道徳の教科化は、教員養成、教材、教育方法、評価を含めた上での、道徳教育学としての学問体系の構築が必要だと思います。今までは教科でなかったために、道徳教育の学問体系が構築されず、道徳教育はいわば「論」でしかなかった。道徳を教科化することで、これまでの「論」から「学」へと展開することが求められると思います。

松本　ありがとうございました。先生方がおっしゃられたように、こういう人間になりたいという思いを子ども自身がもっている。

それから先生方、学校、親、地域がそれぞれにどんな人を育てたいのかという理想をもっている。

　それを学校が主体性をもってまとめ、到達目標を掲げ、それをつくっていく、それを育てていく核として教科化された道徳がある。皆がそれに向かって、協力し合って、子どもを育てていく。素敵ですよね。楽天的かも知れません。それに向かってまだまだたくさん課題はありますが、時間も来ましたので、今日はこの辺でお開きとさせていただきます。

　残された課題は次回に譲るということで、今後ともよろしくお願いいたします。

　　（平成25年8月13日　於・読売新聞東京本社）

あとがき

　本書は、道徳の「教科化」について根本から考察し、具体的な制度設計を構想し、グランドデザインを描こうとする試みである。各執筆者は、日本道徳教育学会のメンバーであり、それぞれの専門分野から、道徳の「教科化」はどうあるべきかを真摯に考え、これまでの成果と課題を検証するとともに、実行可能な骨太の改革を行うための方策を検討してきた。そこでは、道徳の「教科化」に関する理念や総論のレベルから具体的な各論レベルまでをていねいに吟味しながら、建設的かつ実効性のあるビジョンを示そうと心がけている。

　教育再生実行会議の提言する「いじめ問題等に対応する道徳教育」は、本当の意味での「新たな枠組み」によって道徳を「教科化」することを求めている。「新しいぶどう酒は新しい革袋に入れなければならない」という格言がある。これまで道徳は新しい時代に対応するために、何度も「新たな枠組み」が求められてきたが、単に「古い枠組み」のマイナーチェンジで終わり、いじめのような今日的課題にはなかなか応えることができなかった。そこで、私たちはゼロベースで道徳の理論研究や基礎研究をはじめ、本当の意味での「新たな枠組み」によって道徳の「教科化」をするためにはどうすればよいかを学際的に協働して探究し、繰り返し熱い議論を重ねて本書を完成させた。なお、一部の論稿には、『月刊 教職研修』2011年8月号の特集「〈論点整理〉道徳の教科化」に掲載した内容と重複があることをお断りしておく。

　本書の具体的な主張や提言として、主に「教科化」の制度設計にかかわるところから、筆者なりにいくつかポイントを取り上げてみよう。

道徳の目標

　道徳は、他の教科と違って、すべての教科にわたる道徳教育と関連をもたせて計画的・発展的に指導するため、「特別教科」という新たな枠組みとする。その上で、道徳の目標は効果的な指導方法や信頼できる評価と対応させて設定する。

　道徳教育の目標は、現代のような変化の激しい社会において子どもがよりよ

く生きる力をはぐくみ、未来を拓く主体性のある日本人を育成することである。そのために、道徳的知識や判断力という認知的側面、道徳的心情や道徳的実践意欲・態度という情緒的側面、そして道徳的行動力や習慣という行動的側面をバランスよく養い、自律的に道徳的実践ができるようにする。

　道徳授業の目標は、さまざまな道徳的問題を適切に認識し、その問題（課題）を追求し、解決する能力を身に付け、道徳的実践力を育成することである。そのために、子どもが道徳に関する知識や技能をしっかり習得するとともに、それを活用して自ら考え主体的に判断し、多様な経験や考えを表現して交流し、道徳的な実践意欲や態度を養えるようにする。

　とりわけ、今日的な課題として、子どもが自己肯定感や自尊感情を高め、他者への思いやりを深め、自他の生命を尊重し、規範意識や責任感を高め、豊かな人間関係を築き、我が国の伝統や文化の理解を深めることなどを重点目標にする。

道徳の指導方法

　いじめ問題等や現代的な課題に対応できる実践的な道徳授業を創造する。そのために、道徳授業を実践的な生徒指導や特別活動と連携させ、学校の教育活動全体と密接に関連づけ、学校教育全体を温かで張りのあるものとする。学校は家庭や地域社会と連携・協力して、子どもの道徳的実践に対して一貫した指導を行い、道徳教育の実効性を高める。

　重点目標については、「総合道徳」（道徳授業を要として、関連する教育活動や日常生活、家庭や地域での学習と関連づけ、総合的に取り組む道徳学習）を計画し実行する。さまざまな今日的課題（いじめ、環境教育、国際理解、福祉教育など）に対して他の教科等と響かせ、併せて総合的に指導を工夫する。道徳の年間指導計画は、学校や学級の実態に合わせて弾力的に適用する。教育基本法や学習指導要領の道徳目標に即して内容項目を精選し、重点的な道徳指導をいっそう工夫する。校長、副校長（教頭）は、全クラスの道徳授業に1回は参加することを義務づける。

　道徳授業の指導方法としては、登場人物への共感を軸にした授業だけでなく、多様で効果的な指導方法を積極的に行う。例えば、道徳授業において道徳的知識や技能と関連づけて学び、道徳の基礎・基本を習得できるように工夫する。次に、道徳授業に体験的な学習場面も適切に取り入れる。従来の動作化や役割

演技に加え、各種のスキル学習やエンカウンターなども柔軟に取り入れる。第三に、道徳授業にも問題解決を意識した学習を工夫する。これと関連して、市民性をはぐくむシティズンシップ教育、及び権利や義務を尊重する法教育も取り入れる。

　道徳授業のノートやワークシートの使用や開発を促し、子どもが自分の考えをまとめ、書く活動に役立てるとともに、道徳学習の記録として残せるようにする。ペア学習、グループ学習、スクランブル交流、クラス全体での議論など多様な話し合い活動ができるように配慮する。『心のノート』は、学校の教育活動全体を通して活用するだけでなく、道徳授業でも積極的に活用できるようにする。こうした書く活動や話し合い活動を通して道徳授業を多様化するとともに、道徳授業で習得した内容を日常の生活や習慣にも結びつくようにして実効性を高める。

道徳の評価

　点数による評価はしない。ただし、子どもの道徳性の発達段階を把握し、その成長・発達を支援したり、道徳の指導方法を改善したりすることは大切である。そのために、子どもの道徳的学びに関する成長の芽＜よさ＞を記述式で記入するようにする。

　以上を踏まえて、道徳における評価の観点を設定する。例えば、「道徳の目標」や「育てたい資質・能力」に対応させた観点を設定したり、各教科と同様に４観点（関心・意欲・態度、思考・判断・表現、技能、知識・理解）を設定したりする。道徳の内容項目に応じた４つの視点から一つずつ取り上げ、その学期の道徳授業で見られた道徳的な学びに関する成長を評価することもできる。各学校で「目標に準拠した評価」を設定することも検討する。多様な評価（例えば、自己評価、相互評価、パフォーマンス評価、ポートフォリオ評価など）を適宜活用し、子どもが道徳を学習する過程を多面的に認め、励まし、動機づけるようにする。

　指導要録にある「行動の記録」を道徳教育の評価と関連づけて再構成し、子どもの成長の様子を記録するとともに、指導の改善に役立てるようにする。

道徳教科書

　道徳教科書も、各教科と同様に、検定教科書とすることを原則にする。道徳教科書は、全教育活動における道徳教育の教材である『心のノート』と同様に、

国の負担で無償配布する。教育基本法、学校教育法、学習指導要領とその解説書に則して、教科書検定制度の基準において作成する。道徳教科書で教えるべき最低限度の基準を明確にする。検定教科書の作成には、複数の出版社や民間の団体等がかかわり、競合することで教科書の質を高める。道徳教育の検定基準や執筆基準を明確に設定する。

道徳教科書は、各教科や日常生活、家庭や地域社会との連携にも活用し、授業においては3分の2程度を使い、残りの3分の1はさまざまな資料を使って授業ができるようにする。自分を複数の道徳的価値から見つめ、総体的に自己を見つめられる教科書、「人間とは何か」「生きるとは何か」「学ぶとはどういうことか」を学年段階ごとに考えられる教科書、重点的内容を発展的に学習できる教科書、各教科と関連づけて学べる教科書、日常生活や調べ学習と関連した教科書、家庭や地域社会と連携した教科書などを推奨する。

道徳教科書が道徳的価値の自覚を深め、道徳的実践力をはぐくむために、どのような内容を盛り込むべきか検討する。道徳教科書の内容を充実させるために、子どもの心に響く魅力的な内容を取り上げる。偉人や先人の伝記、我が国の伝統と文化を尊重する題材、スポーツや科学や文学などで業績を上げた著名人に関する題材を取り上げ、多様な価値観が引き出され、深く考えられるものにする。

『心のノート』や副読本等も活用しながら、より積極的な授業展開ができるようにする。登場人物への共感を軸にした学習だけでなく、道徳的知識や技能を習得する学習、道徳的省察をする学習、問題解決的な学習、体験的な学習、スキル学習など多様な指導方法にも対応できる教科書にする。

教員免許・教員養成

道徳授業は、小学校・中学校とも学級担任を中心に全教員が指導することを原則とする。「専門免許」を創設する場合には、例えば、道徳教育関連科目を8単位程度を習得することで、当該免許と「専門免許」を取得できるようにする。大学の教職課程では、道徳教育関連科目を大幅に拡充し、道徳教育や道徳授業の専門知識や技術を計画的かつ系統的に習得させ、道徳教育者としての資質や能力を育成する。

道徳教育関連科目の単位は、各教科と同様に、教員免許取得の要件として大

幅に増やし、学校の種別に応じた道徳の目標、内容、指導方法、評価等をそれぞれ教える。例えば、「教科に関する科目」のなかで２年次に道徳教育の原理や歴史や心理学等を学ぶ「道徳科教育学概論（宗教を含む）」あるいは「道徳科教育基礎論」など４単位程度で新たに創設する。高等学校段階でも「道徳科教育学概論（宗教を含む）」などを必修とする。それに続く３年次に「道徳の指導法（小学校）」及び「道徳の指導法（中学校）」（各２単位）をそれぞれ設置する。「道徳の指導法」や「教職実践演習」は、現実の道徳的課題に対処できる授業力や指導力を育成するために、道徳教育で優れた実践や実績のある現職教員や現職経験者もかかわるようにする。小学校と中学校の教育実習では、道徳授業を必修とする。

　大学の教員養成課程及び大学院（教職大学院を含む）に道徳教育の講座・専攻を設置し、そこで専門的な教員と研究者を養成する。大学院には「道徳」専修免許を創設する。「道徳」専修免許の取得に当たっては、他教科いずれかの一種免許取得を条件とする。大学・大学院で道徳教育を専門的に研究し、「道徳」専修免許をもった教師が、各学校に配置され、教科専任、道徳教育推進教師、道徳主任、主幹教諭、管理職などとして各学校での道徳教育の充実と推進を行えるようにする。その他、道徳教育推進教師への手当、道徳教育の教員配置の導入、道徳教育予算等の確保、国立国際道徳教育研究所の設立などを検討する。

　以上のような主張や提言については、当然ながら議論百出で、賛否両論が起こることであろう。それはそれで私たちが望んでいることでもある。ぜひ、読者諸氏にはこうした道徳の「教科化」に関する熱い議論に加わっていただき、協働探究しながら一緒に熟議を深めていっていただきたい。というのも、わが国の道徳教育のあり方については、決して他人任せ（お上任せ）にすべきテーマではなく、私たち国民一人ひとりが未来の子どもたちのために正対すべきテーマだからである。

　今後、私たちは本書をスプリングボードとして、「教科化」の理論的基盤となる「道徳教育学」の創造へと歩みを進めていきたいと考えている。

　最後になったが、本書の刊行をご快諾いただいた教育出版の関係者各位に心

から御礼を申し上げたい。特に、本書の編集をご担当いただいた青木佳之さんには並々ならぬご尽力をいただいた。青木さんからの誠意あるご理解とご協力、適切なご助言、そして心強い励ましがなければ、このように挑戦的で論争的な共著をこれほど短期間でスムーズに世に送り出すことは到底できなかったであろう。深く感謝を申し上げる次第である。

　子どもたちが真に「未来を拓く主体性のある日本人」となるために、新たな枠組みによる道徳の「教科化」が一つの契機となり、より充実した道徳の時代が来ることを心より祈念したい。

　2013（平成25）年8月　処暑

柳沼　良太

著者紹介

押谷　由夫（昭和女子大学大学院生活機構研究科教授）

1952年滋賀県生まれ。広島大学大学院博士後期課程退学。博士（教育学）。高松短期大学講師、高知女子大学助教授、文部省・文部科学省教科調査官（道徳教育担当）を経て現職。日本道徳教育学会会長、小さな親切運動本部顧問。主な著書『総合単元的道徳教育論の提唱』（文溪堂）、『「道徳の時間」成立過程に関する研究』（東洋館出版）、『道徳性形成・徳育論』（共著　ＮＨＫ出版）など。

柳沼　良太（岐阜大学大学院教育学研究科准教授）

1969年福島県生まれ。早稲田大学大学院博士後期課程単位取得退学。博士（文学）。早稲田大学助手、山形短期大学専任講師を経て現職。日本道徳教育学会理事。主な著書『プラグマティズムと教育』（八千代出版）、『問題解決型の道徳授業』（明治図書）、『ローティの教育論』（八千代出版）、『ポストモダンの自由管理教育』（春風社）、『「生きる力」を育む道徳教育』（慶應義塾大学出版会）など。

貝塚　茂樹（武蔵野大学教育学部教授）

1963年茨城県生まれ。筑波大学大学院博士課程単位取得退学。博士（教育学）。国立教育政策研究所主任研究官等を経て現職。日本道徳教育学会理事。主な著書『戦後教育改革と道徳教育問題』（日本図書センター）、『道徳教育の取扱説明書』（学術出版会）『教えることのすすめ』（明治図書）『戦後道徳教育の再考』（文化書房博文社）など

関根　明伸（国士舘大学体育学部准教授）

1964年福島県生まれ。韓国・高麗大学校教育大学院修士課程修了，東北大学大学院博士後期課程修了。博士（教育学）。郡山女子大学講師を経て現職。文部科学省中央教育審議会初等中等教育分科会教員養成部会専門委員。主な著書・論文「韓国における道徳教育」『自ら学ぶ道徳教育』保育社2011年、「1960年代の韓国道徳教育カリキュラム」東北教育学会紀要第14号など

西野　真由美（国立教育政策研究所総括研究官）

1961年富山県生まれ。お茶の水女子大学大学院博士課程単位取得退学。文学修士。お茶の水女子大学人間文化研究科助手を経て現職。共著書『国際化・情報化社会における心の教育』（日本図書センター）、『日本人の心の教育』（官公庁資料編纂会）、「他者との対話的関係づくり」『道徳教育論』（高橋勝編・培風館）。

松本　美奈（読売新聞東京本社編集委員）

全国の国公私立大学を対象に、個々の退学率や卒業率、学生支援の現状などを尋ねた「大学の実力」調査を2008年から担当。同調査をもとにしたコラム「大学の実力」（毎週金曜日朝刊）、全国の教育現場の「今」を追う教育ルネサンスほかを執筆。校閲部、秋田支局、社会部、生活情報部を経て現職。「大学の実力2011」「大学の実力2012」「大学の実力2013」（いずれも中央公論新社）、「学生と変える大学教育～ＦＤを楽しむという発想」（ナカニシヤ出版、共同編著）。東京都出身。２女１男の母。社会保険労務士

道徳の時代がきた！
―道徳教科化への提言―

2013年10月30日　初版第1刷発行
2015年1月15日　初版第2刷発行

編著者　押谷由夫
　　　　柳沼良太

発行者　小林一光

発行所　教育出版株式会社

101-0051 東京都千代田区神田神保町2-10
電話 03-3238-6965　FAX 03-3238-6999

©Y. Oshitani　R. Yaginuma 2013　　組版　ピーアンドエー
Printed in Japan　　　　　　　　　　　印刷　モリモト印刷
乱丁・落丁本はお取替いたします。　　　製本　上島製本

ISBN978-4-316-80401-9